# すぐ役に立つ！
# 児童相談所のしごとQ&A

児童虐待問題研究会 編著

ぎょうせい

# はじめに

児童虐待により、子どもの命が奪われるという悲惨な事件が後を絶ちません。2018（平成30）年度の児童虐待相談件数は15万件を超え16万件にも及ぼうとしています。

子どもの福祉を図り、子どもの権利を擁護することを目的に、児童福祉法に基づく専門の行政機関として児童相談所が設置されています。児童虐待の増加に従い、児童相談所の役割が注目され、その活動に関心が集まるとともに、児童相談所の充実が求められています。

国は「新たな子ども家庭福祉のあり方に関する専門委員会」（2016（平成28）年　社会保障審議会児童部会）の提言を受けて、子どもの最善の利益の確保に向けて様々な改革を行っています。

そして児童相談所の機能の強化と、児童相談所の増設、専門職員の増員を図ろうとしています。しかし、例えば、児童相談所の中心的業務を担う児童福祉司の場合、児童福祉に関する知識、子どもの心身の発達に関する知識、地域における社会資源に関する情報、面接を含むケースワークの技術等々、多くの知識や技術を要求され、児童福祉司として十分に活動できるようになるには数年の経験が必要と言われています。ということは、増設、増員したからと言ってすぐに十分な活動ができることにはなりません。

そのため国は研修にも力を入れていますが、短期間の研修では十分身につかないというのが現状です。

現場で仕事をしている人にとって、「こんな時どうすれば良い？」と思うことがしばしば生じます。そのような時、難しい専門書でもマニュアルでもなく、手軽にヒントを得られる材料になったら、という思いからQ&Aという形で本書をまとめました。

本研究会は、「Q&A　DVハンドブック～被害者と向き合う方のために」（ぎょうせい）を作成したメンバーが、配偶者への暴力（DV）の被害者支援に携わる中で家族の問題、特に児童虐待の問題に関心を広げてきたことから児童虐待問題研究会として、「児童虐待防止ハンドブック」を作成し、改訂版、全訂版を刊行してきました。

児童相談所の活動は、児童虐待だけでなく、子どもの問題に幅広く対応していますが、これまであまり知られていませんでした。そこで新たに児童相談所の職員になろうとする方はもちろんですが、併せて子育てに関わる人にも、児童相談所の役割、活動について広く知っていただきたい、児童虐待の問題に関わる中でそのような思いも強く抱いてきました。

本書が子どもの支援の広がりに役立つことを願っております。

なお、本書の作成に当たり、佐野陽氏（児童相談所職員、元児童福祉司、元児童相談所長）に情報収集と執筆のご協力をいただきました。感謝申し上げます。

2020（令和２）年10月

**児童虐待問題研究会**
木川幸子・岸　信子・真野由美子・田村初恵

# 目　次

## 第3章　児童相談所における相談・援助の流れ

## 第4章　子どもへの関わり



## 第5章　親への関わり



## 第6章　主な関係者・関係機関との連携

## 第７章　児童福祉司・児童心理司



## 第８章　関係法令改正の動き



## 資料編

# 第１章

# よくある質問

# Q1

## 児童相談所は何をするところですか？

**Answer**

児童相談所は、子ども本人や家族、その他からの相談や通告に応じ、子どもの健やかな成長を願って、ともに考え、問題を解決していく専門の行政相談機関です。

児童相談所は、戦後間もない昭和22年に制定された児童福祉法により設置されました。当時、多くの戦死者、戦災者を出した太平洋戦争が終わり、国民生活が飢餓状態にあった時、町には、戦争により生じた多くの孤児や浮浪児が溢れました。これらの子どもたちを発見し、施設や一時保護所に保護したのが当時の児童相談所の始まり*です。

その後、今日まで70年あまりの間に、日本社会の変化とともに、児童を巡る環境も変化し、児童相談所が関わる子どもたちの抱える問題も時代とともに多様化してきています。

保護者の病気、死亡、離婚などで、子どもが家庭で生活できないときや虐待など子どもの人権に関する問題がある場合の養護相談、知的発達の遅れや言葉の遅れ、肢体不自由などがあるときの障害相談、家出、盗み、薬物の使用があるなどの非行相談、性格や行動に関する問題、不登校、いじめ、育児やしつけなどに関する育成相談など、相談内容は多岐にわたっています。

今、児童虐待の問題が世間の関心を集めていますが、児童相談所の役割は、児童虐待への対応だけではないのです。

＊参照：藤田恭介著「東京都における児童相談所一時保護所の歴史」
社会評論社　2017年

資料１：児童相談所における相談内容別対応件数

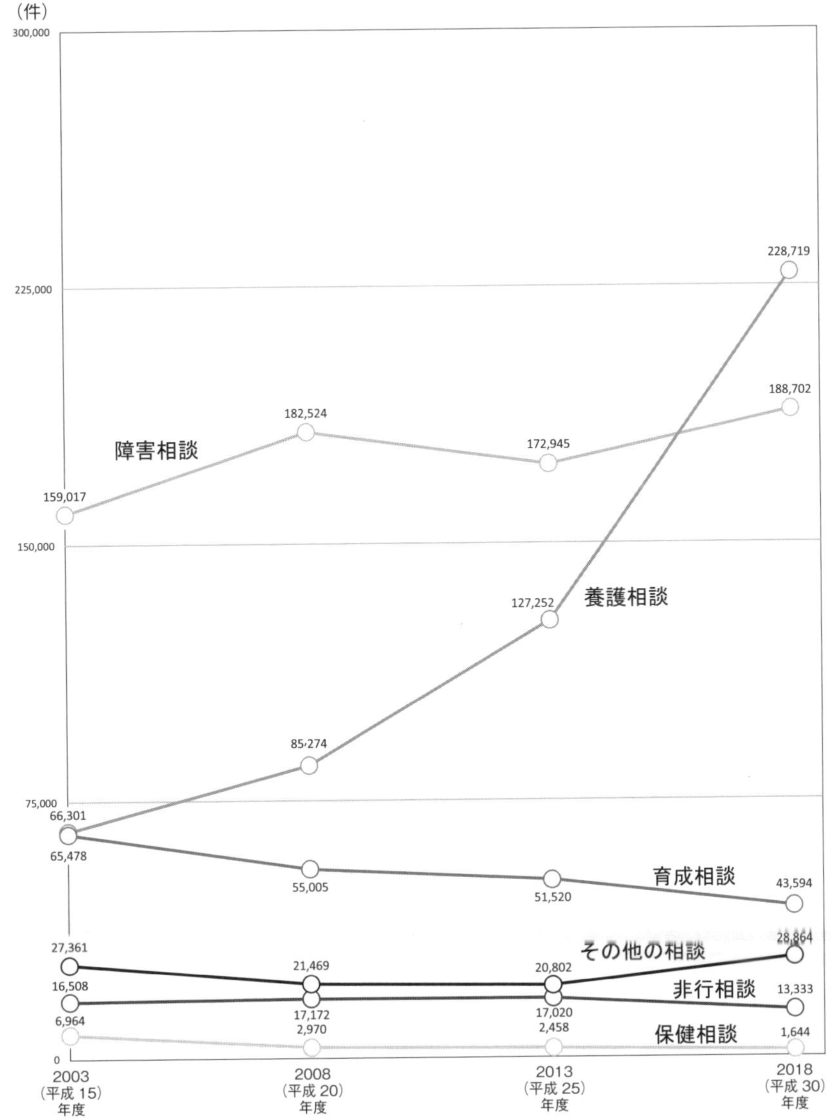


出典：各年度福祉行政報告例を加工

# Q2 なぜ、今、児童相談所に関心が向けられているのですか？

**Answer**

日本では、児童虐待により子どもの尊い命が失われるという、悲惨な事件報道が後を絶たず、世間の関心を集めています。

なぜ、虐待という悲惨な事件が起こるのか、なぜ、子どもが死に至るまで、周りは気がつかなかったのか、なぜ、防ぐことができなかったのかと、強い憤りとともに、二度と繰り返さないための対策が強く求められています。

児童相談所は、子どもの福祉を図り、子どもの権利を擁護することを目的に、児童福祉法に基づき設置された専門の行政機関です。子どもに関係する様々な相談機関がある中で、特に期待とともにその役割に関心が寄せられています。

また、児童虐待相談件数の増加を受けて2000（平成12）年度に児童虐待防止法が新たに施行され、児童虐待の専門対応機関として児童相談所に様々な機能が付与されてきています。その後も、社会の虐待に対する関心が高まったことから、児童虐待相談件数も急激に伸びています。援助の困難なケースも増加し、住民に身近な市区町村への指導や助言などのバックアップ機能の強化など、児童相談所はさらに児童福祉に関する様々な役割を担ってきています。児童福祉司をはじめとする専門職員の不足など、日々対応を求められる児童相談所の厳しい現状にも、社会の目が向けられるようになってきています。

# Q3

児童相談所の事業内容



## 全国どこの児童相談所も事業内容は同じですか？

**Answer**

児童相談所の業務は、児童福祉法により規定されており、都道府県の設置する児童相談所、政令指定都市、中核市や東京都特別区の設置する児童相談所の役割や機能は基本的には同じです。

児童相談所には、区域内の人口やその他社会的環境等を考慮して管轄区域が決められています。そのため、都道府県等内の連絡調整や相談援助活動を円滑に行うため、そのうち一つを中央児童相談所に指定することができることになっており、中央児童相談所の場合は、自治体内の児童相談所の実情の把握や支援なども行います。

また、子どもの安全確保やアセスメントを行うために一時保護する施設である一時保護所を設置している児童相談所と、設置していない児童相談所があります。自治体ごとに一時保護所を設置することが必要となり、設置する一時保護所の数は相談対応件数や一時保護件数、児童相談所間の距離など地域の実情により、一時保護需要が異なるためです。

児童相談所の業務はどこでも基本的に同じですが、一方で人口規模や地域特性の違いから、相談対応件数などは様々です。ちなみに、現在、世間で関心を集めている児童虐待への対応件数では、2018（平成30）年度でみると、全国で159,838件、東京都16,967件、埼玉県12,374件、大阪府12,208件、千葉県7,547件、横浜市6,403件、大阪市6,316件、神奈川県5,838件、兵庫県4,778件、愛知県4,731件、北海道3,767件の10自治体で全国の51%、80,929件を占めており、最も少ない鳥取県では80件となっています。

# Q4 相談したいときは、どこの児童相談所でもいいですか？

**Answer**

相談の方法には電話や手紙、来所などいろいろあります。電話による相談は、原則としてどこの児童相談所でも受け付けますが、必要に応じて管轄児童相談所にあっせんします。

児童相談所は管轄区域が決まっているので、相談する子どもの保護者の住まいの地域を管轄する児童相談所に相談するのが基本となります。

なぜなら、相談を受けた後に、必要に応じて調査に基づいて様々な援助を行っていくことになりますが、問題が解決するまで地域を管轄する児童相談所が関わっていくからです。

相談する人の居住地と子どもの居住地が異なることがあります。基本的には、子どもの保護者の居住地を管轄する児童相談所が相談対応を行うことになっています。ただし、子どもの保護者の居住地が不明なときには、子どもの現在地を管轄する児童相談所が対応することになります。管轄以外の児童相談所に相談したときは、相談内容に応じて必要があれば、住まいの地域を管轄する児童相談所につなげることになります。

# Q5 児童相談所には誰が相談できますか？



Answer

子ども本人はもちろん相談することができます。そして、子どもの親や家族や親戚、知人や近隣の人など、子育てに困っていたり、子どもの幸せを願い健やかな成長を見守っていきたいと思っている人であれば、誰でもが相談することができます。

また、子どもが関わりのある機関、例えば、学校、幼稚園、保育園、保健センター、医療機関、その他様々なところからも相談することができます。

なお、児童虐待を受けたと思われる子どもを発見した者は、速やかに児童相談所等に通告しなければならないことが法律に定められています。

参照：児童虐待防止法６条１項

# Q6 児童相談所には子どものことは何でも相談できますか？

**Answer**

児童相談所は、原則18歳未満の子どもに関する家庭その他からの相談のうち、専門的な知識及び技術を要する相談に応じています。

しかし、子ども本人やその家族など一般の相談者が、自分の相談が専門的な知識及び技術を要するものであるか否かを判断することは通常困難であり、相談の受付自体は幅広く行います。その内容に応じて、適切な相談機関の紹介や、市区町村等の関係機関と連携し、協働しながら対応することとしています。

従来、児童相談所は児童福祉法によりあらゆる児童家庭相談に対応してきました。しかし、児童虐待相談の急増により、緊急かつ高度な専門的対応を求められる一方で、育児不安等を背景に子育て相談も増加し、幅広い相談を児童相談所のみが受け止めることは難しくなりました。

また、虐待の未然防止・早期発見のためにも、住民に身近な市区町村が子ども家庭相談を担うことが欠かせません。そのため、2004（平成16）年の児童福祉法の改正により市区町村との役割を明確化し、児童相談所の業務は、主に、専門的・技術的な支援を必要とする困難事例への対応、市区町村への助言援助等となりました。

相談の窓口

児童相談所　市区町村児童福祉担当課　児童委員・主任児童委員

児童家庭支援センター　子育て世代包括支援センター

保健所・保健センター　児童家庭相談室（福祉事務所）　保育所

児童福祉施設　学校等

# Q7 児童相談所に相談する際の手続きなどを教えてください。



**Answer**

相談には、相談者が児童相談所に行き、直接相談する来所相談、児童相談所の職員が地域に出向いて行う巡回相談・出張相談、また、電話による電話相談等があります。それぞれの児童相談所にもよりますが、一般的には、まず、電話をかけ、相談内容を話し、相談の方法について聞いてください。メールなどで相談できる場合もあります。相談は匿名でもできます。

内容により、助言や適切な他の相談機関などを紹介してくれるなど電話・メールだけで済むこともありますが、詳しく相談する場合は、相談窓口に行き、相談担当者と面談で行うことになります。窓口に行く前に、相談の受付日時、相談の予約が必要か、持参する必要があるものがあるかなどを確認するとよいでしょう。児童相談所の相談は、無料です。

なお、虐待相談については、児童相談所虐待対応ダイヤル「189」にかけると、近くの児童相談所につながり、児童福祉司などの専門家が対応します。24時間、無料です。匿名でも構いません。

相談担当者には、守秘義務がありますので、相談者の氏名、相談内容などの秘密は守られます。他に漏れることはありません。

**虐待かもと思ったら**

**児童相談所虐待対応ダイヤル（通話料無料）**

**1《いち》 8《はや》 9《く》**

Column 1

## 子どもの権利条約

これは、子どもの基本的な人権を国際的に保障するため、1989（平成元）年、国連総会で採択された条約です。18歳未満の子どもに大人同様、基本的人権を認めるとともに、成長の過程で特別な保護や配慮が必要な子どもならではの権利を保障するために必要な具体的な事項を定め、前文と54条からなります。

我が国は1994（平成６）年に批准後、22年の歳月を経た2016（平成28）年に児童福祉法の基本理念に「子どもの権利条約の精神にのっとり」が盛り込まれました。その後、子どもの権利を擁護するための具体的な対策が進められていますが、2019（令和元）年の改正法附則に児童の意見表明権や民法上の懲戒権の在り方については今後２年を目途に検討し必要ならその措置をとるとあり、今なお、取組みの途上にあります。

条約に定める一般原則と、４つの子どもの権利は次の通りです。

**子どもの権利条約の一般原則**

- 子どもは成長できる権利を持つ
- 子どもの最善の利益を第一に考える
- 子どもは自由に意見を表すことができ、おとなはその意見を子どもの発達に応じて十分に考慮する
- すべての子どもは、差別されず、条約の定めるすべての権利が保障される

### 子どもの権利の４つの柱

**生きる権利**

子どもたちは健康に生まれ、安全な水や十分な栄養を得て、健やかに成長する権利を持っています。

**守られる権利**

子どもたちは、あらゆる種類の差別や虐待、搾取から守られなければなりません。紛争下の子ども、障害を持つ子ども、少数民族の子どもなどは特別に守られる権利を持っています。

**育つ権利**

子どもたちは教育を受ける権利を持っています。また、休んだり遊んだりすること、様々な情報を得、自分の考えや信じることが守られることも、自分らしく成長するためにとても重要です。

**参加する権利**

子どもたちは、自分に関係のある事柄について自由に意見を表したり、集まってグループを作ったり、活動することができます。そのときには、家族や地域社会の一員としてルールを守って行動する義務があります。

出典：ユニセフHPを加工

# Q8 児童虐待とはどんなことですか？

**Answer**

我が国では、増え続ける虐待に対応するため、2000（平成12）年に児童福祉法の特別法として児童虐待の防止等に関する法律（以下「児童虐待防止法」という。）が制定され、数次の改正を経て、児童虐待防止法の目的、虐待の定義を次のように定めています。

第１条（目的）では、虐待が子どもの人権を著しく侵害し、その心身の成長及び人格の形成に重大な影響を与えるとともに、我が国における将来の世代の成長にも大きな懸念を及ぼすことから、児童に対する虐待の禁止等、児童虐待の防止に関する国及び地方公共団体の責務、児童虐待を受けた児童の保護及び自立の支援のための措置等を定めることにより、児童虐待の防止等に関する施策を促進し、もって児童の権利利益の擁護に資すると明記されています。

第２条（定義）では、保護者がその監護する子どもへ行う虐待を児童虐待（以下「虐待」という。）とし、４種類を定めています。

ア　身体的虐待：子どもの身体を傷つけるあるいは、傷つけるおそれのある暴行

イ　性的虐待　：子どもにわいせつな行為をすることや子どもにわいせつな行為をさせる行為

ウ　ネグレクト：子どもに成長に必要な食事を与えない、長時間放置、その他監護を著しく怠る行為、祖父母、きょうだい，保護者の恋人などの同居人や自宅に自由に出入りする第三者によるア、イ、エの行為を放置する

エ　心理的虐待：子どもに対する著しい暴言又は著しい拒絶、子どものいる家庭で行われる配偶者に対する暴力（DV)。その他子どもに著しい心理的外傷を与える言動を行うこと

# Q9

## 児童虐待相談が増えているといいますが、その実態はどうなっていますか？

**Answer**

児童虐待相談対応件数は、全国の児童相談所が統計を取り始めた1990（平成２）年度は1,101件であったのに対し、2018（平成30）年度は159,838件となり、30年間に、約150倍と大幅に増加しています。

その内訳は、心理的虐待88,391件（55％）、身体的虐待40,238件（25％）、ネグレクト29,479件（19％）、性的虐待1,730件（１％）となっています。また経路別では、警察等79,138件（50％）、近隣・知人21,449件（13％）、家族11,178件（７％）、学校等11,449件（７％）が主なものとなっています。

市町村で対応した件数は、126,246件です。

なお、相談対応件数については、同一ケースについて、児童相談所と市町村が対応している場合がありますので、単純に合算した数が、虐待件数とみることはできません。

## 資料２：児童相談所における児童虐待相談対応件数の推移

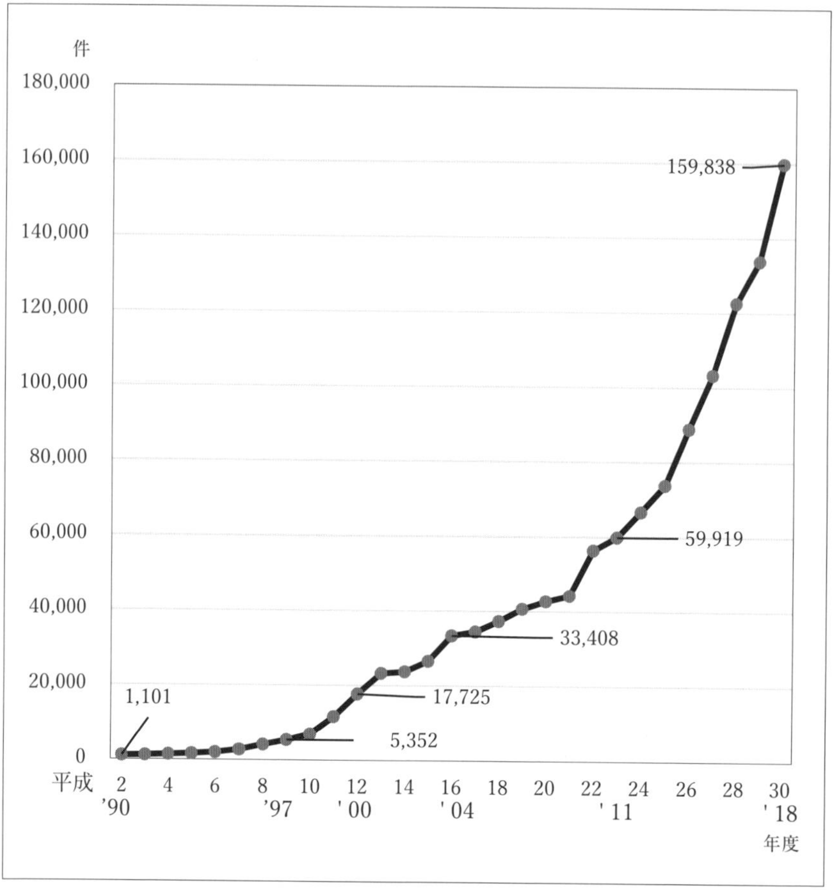


出典：2019（令和元）年全国児童福祉主管課長・児童相談所長会議資料を加工

## 資料3：児童相談所における児童虐待相談種類別対応件数の推移 2018（平成30）年度

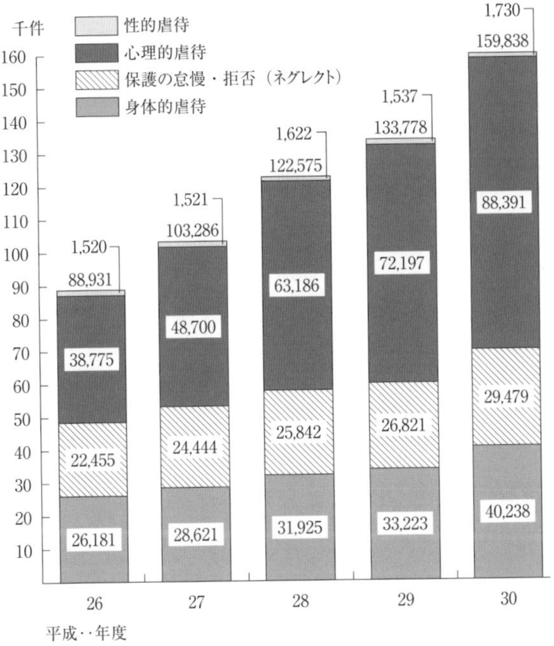


## 資料4：児童相談所における児童虐待経路別対応件数 2018（平成30）年度

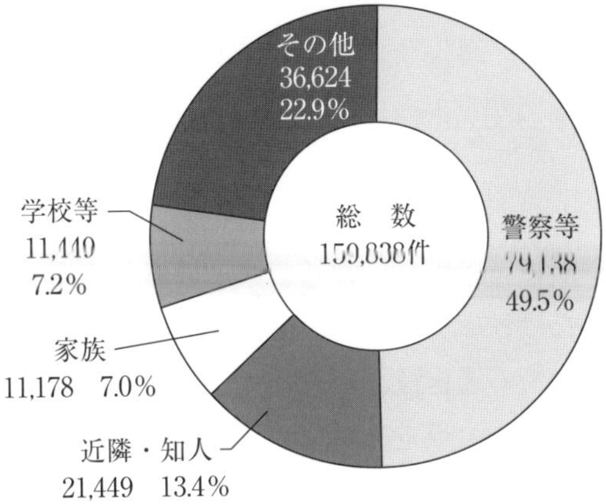


出典：2018（平成30）年度福祉行政報告例加工

# Q10



## なぜ児童虐待相談は増えているのですか？

**Answer**

児童虐待は、戦前においても児童労働の問題や子どもへのせっかんなどの問題がありましたが、現代社会における児童虐待の増加の背景には、核家族化、少子化などによる保護者の子育ての未熟さや育児不安や孤立化、地域社会の脆弱化による地域のサポート力の希薄化、ひとり親家庭や貧困家庭の増加があります。

最近では、ワンオペ育児（ワンオペレーション育児の略）という言葉があるように、家族の一人、特に母親が子育てを負担し、心身共に消耗してしまう家庭の在り方も問題となっています。

2000（平成12）年児童虐待防止法の制定により社会の虐待に対する認識が深まり、通告*が増えたこと、さらに2004（平成16）年の法改正では、通告する際の子どもの範囲が「虐待を受けた子ども」から「虐待を受けたと思われる子ども」に拡大され、また「子どものいる家庭で行われる配偶者への暴力（DV）」が心理的虐待に含まれることとなりました。DVによる警察からの通告が増えたことも増加の要因になっています。2018（平成30）年度、通告全体に占める警察からの通告の割合は50％、そのうち心理的虐待が73％とDVによる通告が増加しています。

＊虐待を受けたと思われる児童を発見した者は、直接、又は児童委員を介して、速やかに、市町村、都道府県の設置する福祉事務所、児童相談所に通告しなければならない。（児童虐待防止法第６条第１項）

前項の規定による通告は、児童福祉法第25条第１項の規定による通告とみなして、同法の規定を適用する（同法同条第２項）。

虐待の兆候と思われる子どもの様子

複数該当する場合には、要注意です。

□不自然な傷がある
□特別な病気がないのに身長や体重が増えない
□身体や衣服が不潔
□虫歯が多い
□歯磨きの習慣がなく、口腔内が不潔
□食べることに異常に関心が高い
□表情が乏しく、元気がない
□おびえた泣き方をする
□意欲、集中力がない
□ぼんやりしていることが多い
□基本的な生活習慣が身についていない
□季節にそぐわない服装をしている
□衣服を脱ぐことに異常な不安を見せる
□他の子どもに対して乱暴である
□大人の顔色をうかがう
□人とうまく関われない
□夜遅くまで外で遊んでいたり、家に帰りたがらなかったりする

# Q11

## 児童虐待を予防するにはどうすればいいですか？

**Answer**

児童虐待を予防するには、どうして虐待してしまうのか、なぜ、予防できなかったのかなどについて、科学的に調べることが大切です。

そのため国は、社会保障審議会児童部会に専門委員会を設置し、厚生労働省が新聞報道等から抽出し、都道府県が把握した児童虐待による死亡事例と児童相談所が受理した重症事例について、2005（平成17）年以来、毎年検証しています。そして明らかになった虐待要因や課題及び提言を公表しています。

第15次報告（2019（令和元）年８月）では、この１年間の分析に加え、第１次からの約15年間の分析結果から、子ども虐待による死亡事例等を防ぐために留意すべきポイントを別添のとおりまとめています。

提言は多岐にわたりますが、地方公共団体へは、児童相談所の専門的な業務だけではなく、市区町村の担当する子育て支援策が、児童虐待の発生や予防に効果的である、と位置付けています。具体的には、「子育て世代包括支援センター」の設置や、「産前産後サポート事業」、「産後ケア事業」などが挙げられています。

また国へは、妊娠期からの切れ目のない支援体制の整備や、虐待対応に関わる児童相談所と市区町村の連携体制の整備、要保護児童対策地域協議会の活用などが挙げられています。

## 子ども虐待による死亡事例等のリスク要因（防止のための留意点）
――第１次から15次までの15年間の分析結果から――

（養育者の側面）

・母子健康手帳の未発行

・妊婦健診未受診か受診回数が少ない

・関係機関からの連絡を拒否している

・予期しない妊娠や計画外の妊娠

・医師や助産師の立ち会いなく、自宅等で出産した

・精神疾患や強い抑うつ状態（産後うつ、マタニティブルー等）がある

・過去に自殺企図がある

・養育者がDVの問題を抱えている

・子どもの発達に関し強い不安や悩みがある

・養育能力の不足している若年（10代）妊娠

・子どもを保護してほしい等、養育者からの相談がある

・虐待の疑いがあるが、養育者が虐待を否定している

・訪問をしても子どもに会わせない

・多胎児を含む複数人の子どもがいる

（子どもの側面）

・子どもの身体、特に、顔や首、頭などに外傷が認められる

・一定期間の体重増加不良や低栄養状態が認められる

・子どもが保育所等に来なくなった

・施設等への入退所を繰り返している
（家庭復帰後６カ月以内の死亡事案が多い）

・きょうだいに虐待があった

・子どもが保護を求めている

（生活環境等の側面）

・児童委員、近隣住民等から様子が気にかかる旨の情報提供がある
・生活上に何らかの困難を抱えている
・転居を繰り返している
・孤立している

（援助過程の側面）

・関係機関や関係部署が把握している情報を共有していなくて、虐待発生のリスクを認識できなかった
・要保護児童対策地域協議会における検討の対象事例になっていなかった
・スクリーニングの結果を必要な支援や迅速な対応に結び付けていなかった
・転居時に十分な引継ぎが行えていなかった

子どもが低年齢の場合や離婚等によるひとり親である場合に上記に該当するときには、特に注意して対応する必要があります。

出典：「社会保障審議会児童部会児童虐待等要保護事例の検証に関する専門委員会第15次報告」2019（令和元）年８月

## 児童相談所に期待されていることは何ですか？



**Answer**

児童相談所は、子どもの福祉、権利を守る専門の行政機関として、一般の相談機関とは異なり、子どもの保護や法的な措置を行う権限を持っています。

児童虐待相談対応件数が激増し続ける中で、児童相談所は、その専門性を高め、市区町村をはじめとする関係機関と協働したり、あるいは連携し、役割分担していくことが大切です。

そこで児童相談所に期待されるのは、第一に、法的に強化された児童相談所機能を着実に実現するために、専門職員を増やす（児童福祉司、児童心理司）、また、保健師、児童福祉司スーパーバイザーや弁護士の配置など専門性の強化です。児童相談所の設置数を増やすことも挙げられます。一時保護所の子どもの支援方法の改善も課題です。第二に、市区町村の役割を高めるための支援の強化です。市区町村は、要保護児童対策調整機関への専門職の配置が義務化され、子ども家庭総合支援拠点の全市区町村への配置が進められています。こうした、子ども家庭相談業務に従事する職員の専門性の向上が必要です。ベテラン職員の養成には10年かかるともいわれています。市区町村を含めた職員の専門性を向上させるには、児童相談の経験を活かし、研修カリキュラムの作成や、市区町村職員向けの研修の実施、新たに児童相談所を設置する際の人事交流などが急がれる課題です。

# 第２章
# 児童相談所とは

# Q13

## 児童相談所の役割と機能について教えてください。

**Answer**

児童相談所は、子ども本人や家族等、学校等の所属機関から子どもの様々な相談を受ける機能をもち、子どもの福祉を図るとともに、子どもの権利を擁護することを主な目的とした、児童福祉相談の専門の行政機関です。

市区町村と適切な協働・連携・役割分担を図りながら、保護者やその他からの子どもに関する様々な相談に応じ、子どもの抱える問題や真のニーズ、子どものおかれた環境の状況等を的確に捉えて、子どもや家庭に適切な援助を行います。常に、子どもの最善の利益を念頭に、児童相談の解決を果たすために、相談機能、一時保護機能、措置機能、市区町村援助機能の４つの機能があります。

さらに、親権者の親権喪失、親権停止、管理権喪失の審判の請求又は審判の取消しの請求、未成年後見人選定及び解任の請求ができるなど、民法上の審判申立てを行う権限も与えられています。

なお、措置*とは、広義には行政庁によって行われる行政上の処分をいいますが、社会福祉の領域では社会福祉の法などにより行政庁に義務付けられ、又は権限を与えられた、援護、育成、更生に関わる行政処分のことをいいます。

＊出典：古川孝順・定藤丈弘・川村佐和子編「社会福祉士　介護福祉士のための用語集」　誠信書房　1997年

| | |
|---|---|
| ◯相談機能<br><br>専門的な知識と技術を必要とする相談について、児童福祉司や児童心理司、一時保護職員、保健師等の様々な専門職が関わり、調査、診断、判定を行い、それに基づいて援助指針（援助方針）を定め、児童相談所自ら又は関係機関等を活用し的確に援助します。<br><br>（児童福祉法第12条第３項） | ◯一時保護機能<br><br>必要に応じて子どもを家庭から離して一時保護します。虐待通告が増える中、2016（平成28）年の法改正により、一時保護機能として、「安全確保とアセスメント」機能が明記されました。一時保護の機能として、法に明記された以外にも短期入所指導があります。<br><br>（児童福祉法第12条第３項、第12条の４、第33条） |
| ◯措置機能<br><br>子ども又はその保護者を、児童相談所の援助決定に基づき、児童福祉司、児童委員、市区町村等に指導させる、里親等に委託する、児童福祉施設等に入所させるなど、行政処分として、児童相談所が決定する機能です。<br><br>（児童福祉法第26条、第27条） | ◯市町村援助機能<br><br>住民に身近な基礎的自治体として、児童相談に第一義的に対応する市区町村をバックアップするなど、市区町村間の連絡調整や情報提供はもとより、指導や助言など市区町村を支援していきます。<br><br>（児童福祉法第12条第３項） |

# Q14

## 管轄区域について教えてください。

**Answer**

児童相談所ごとに、管轄する地域が決まっています。相談援助活動は、子どもの保護者（親権を行う者、未成年後見人その他の者で、子どもを現に監護する者）の居住地を管轄する児童相談所が原則として行います。

そして、居住地とは、実際に住んでいる場所をいい、住民票記載の「住所」や民法の「住所」又は「居所」と必ずしも一致しません。

保護者の居住地がわからない棄児、迷子等は、その子どもの現在地を管轄する児童相談所が受け付けますが、両親等保護者が明らかになった場合には、保護者の居住地を管轄する児童相談所が対応することになります。

警察からの通告や送致等は、子どもの保護者の居住地にかかわらず、子どもの現在地を管轄する児童相談所に行われるので、これを受け付けた児童相談所では、子どもの状況や家庭環境等について調査を行い、関係児童相談所への移管の適否や移管の方法等について決定します。

その他、配慮すべき個別の事情がある場合には、担当する児童相談所を決めるにあたって、子どもの福祉を最優先した判断をします。

なお、2019（令和元）年に、管轄区域についての法改正が行われ、児童相談所の管轄区域は、地理的条件、人口、交通事情等の社会的条件について政令で定める基準を参酌して都道府県が定めるものとすることとし、2023（令和５）年４月から施行されます（児童福祉法第12条第２項）。

# Q15

設置場所

## どこに設置されていますか？

**Answer**

児童相談所は児童福祉法に基づき、都道府県及び政令指定都市（中核市、東京都特別区は政令の指定を受ければ設置することができる。）に設置が義務づけられています（児童福祉法第12条第１項、第59条の４第１項）。

各自治体の人口規模に応じて、複数の児童相談所を設置することができます。

2020（令和２）年７月１日現在、児童相談所を設置している自治体及び児童相談所の数は次の通りです。

| | | |
|---|---|---|
| 都道府県 | 47自治体 | 185所 |
| 政令指定都市 | 20自治体 | 29所 |
| 中核市 | ３自治体 | ３所 |
| 東京都特別区 | ３自治体 | ３所 |

合計220の児童相談所が設置されています。

児童虐待相談対応件数が急増し、複雑困難な相談ケースも都市部を中心に増加していることなどから、児童相談所の設置を促進するため、2016（平成28）年に児童福祉法が改正され、東京都の特別区も、政令の指定を受けて設置することができるようになりました。

2018（平成30）年度に全国の児童相談所が対応した児童虐待相談は過去最多の159,838件となり、10年前の４倍に達しています。

これらの相談に対応していくためにも児童相談所の数はまだまだ十分とは言えません。

国は施設整備、人材確保・育成など、設置にかかる支援をさらに講じる必要があります。

# Q16

相談の種類

## 相談にはどのようなものがありますか？

**Answer**

子どもの様々な相談が寄せられ、相談内容により、次のように分類されます。

◯養護相談

家庭の養育状況が子どもの権利を守ることができなくなった状況に関する相談です。保護者がいない、適切な養育がなされていない、親が離婚や病気で養育ができない、虐待・放任などの相談です。里親に関する相談も養護相談に入ります。

◯障害相談

肢体不自由、盲、ろう等視聴覚障害、ことばの遅れ、吃音などの言語発達障害、重症心身障害、知的障害、自閉症、アスペルガー症候群、その他広汎性発達障害、学習障害等発達障害に関する相談です。

◯非行相談

虚言癖、浪費癖、家出、浮浪、乱暴、性的逸脱等のぐ犯行為若しくは飲酒、喫煙等の問題行動のある子ども、触法行為があったとして警察署から通告や送致のあった子どもや、犯罪少年として家庭裁判所から送致のあった子ども等の相談です。

◯育成相談

落ち着きがない、内気、家庭内暴力、生活習慣の著しい逸脱等生活又は行動に関する相談、しつけ等に関する相談、進路選択に関する相談、不登校等に関する相談などです。

◯保健相談

低体重出生児、虚弱児、内部機能障害、小児喘息、その他の疾患等を有する子どもに関する相談です。

◯その他の相談　　上記以外の相談です。

## 資料5：児童相談所における相談の種類別対応件数 2018（平成30）年度

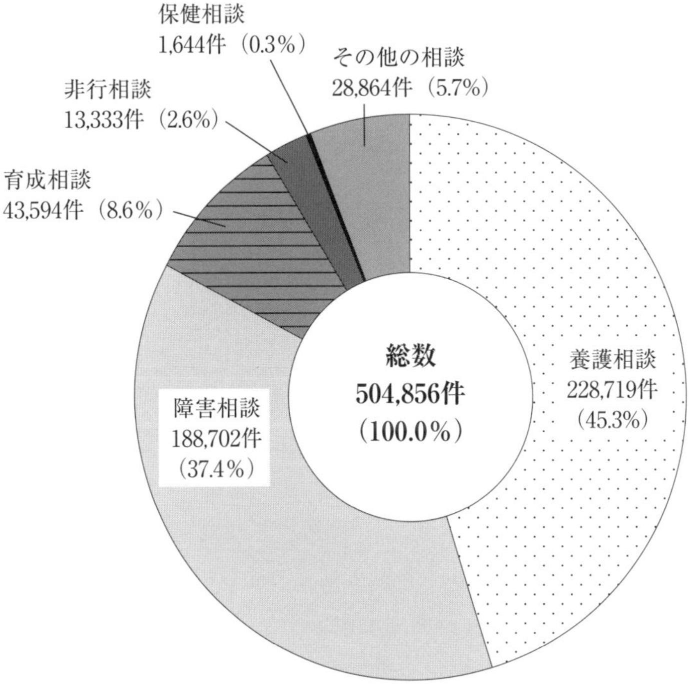


出典：2018（平成30）年度福祉行政報告例の概況

# Q17

## 組織について教えてください。

**Answer**

児童相談所の組織は、①総務部門、②相談・判定・指導・措置部門、③一時保護部門の三部門をもつことを標準としています。

児童相談所の規模は、人口150万人以上の地方公共団体の中央児童相談所とその他の児童相談所で異なります。

職員構成は、所長、各部門の長のほか、次の職員を配置しています。

指導及び教育を行う児童福祉司（以下「児童福祉司スーパーバイザー*」という。）、児童福祉司、相談員、医師（精神科医、小児科医。嘱託も可。）、又は保健師、指導及び教育を行う児童心理司（「児童心理司スーパーバイザー」という。）、児童心理司、心理療法担当職員、弁護士（「これに準ずる措置」も可。）、その他必要とする職員。

児童福祉司スーパーバイザーの配置基準は児童福祉司５人につき１人、児童福祉司については、各児童相談所の管轄区域の人口３万人に１人以上**配置することを基本とし、児童虐待対応件数等を勘案することになっています。さらに、市町村支援業務を行う市町村支援児童福祉司と里親養育支援の業務を行う里親養育支援児童福祉司を新たに配置することになりました。児童心理司については、児童福祉司２人につき１人以上配置することを標準とし、地域の実情を考慮して必要に応じ、標準を超えて配置することが望ましいとされています。

2019（令和元）年の児童福祉法改正

＊第13条第５項　法律上は「指導教育担当児童福祉司」という。

＊＊第13条第２項　施行令第３条

# 第3章
# 児童相談所における相談・援助の流れ

# ①
# 相　談

# Q18 児童相談所にはどのような経路で相談が寄せられますか？

**Answer**

児童相談所で受け付ける相談は、子どもに関する各種の相談を幅広く受け付けることとなっています。相談内容によって、他の適当な機関のあっせんや、関係機関と連携し援助を行う場合もあります。

児童相談所が対応する相談は、次のように分けられます。

1　子どもに関する家庭その他からの相談のうち、専門的な知識及び技術を必要とするもの。ただし相談者が、相談内容の専門性について判断することは難しいので、内容に応じて児童相談所や市町村等が対応する。

2　要保護児童*を発見した者からの通告又は児童委員を通じた通告

3　児童福祉法第27条の措置（訓戒・誓約、在宅指導、入所措置、家庭裁判所送致等）を要すると認める者並びに医学的、心理学的、社会学的判定を要すると認める者についての都道府県の設置する福祉事務所長や市区町村長からの送致（児童福祉法第25条の7）

4　警察官からの触法少年についての送致（少年法第6条の6）

5　家庭裁判所からの送致等

家庭裁判所が児童福祉法上の規定による措置を相当と認める場合や児童自立支援施設又は児童養護施設に送致することを決定した場合

6　その他、関係機関からの援助依頼、調査依頼、照会、届出等

＊要保護児童とは、保護者のない児童又は保護者に監護させることが不適当であると認められる児童（児童福祉法第6条の3第8項）

# Q19

## 相談の進め方について教えてください。

**Answer**

児童相談所は、子どもや保護者から直接相談を受けることもあれば、学校や保育所、その他子どもに関係する機関からの相談や通告等も受けます。

すべての相談について、受理会議で担当者や対応方針、調査方針を検討します。その後、相談の背景を明らかにするために調査や各種診断を行い、その結果をもとに判定会議で総合診断を実施し、援助方針案を検討します。それを援助方針会議にかけ、援助方針が適当かどうかの協議を行います。この援助方針案が、子どもや保護者の意向と反するとき、又は児童相談所長が必要と判断したときには、児童福祉審議会の意見を聴くことになっています。援助方針会議で検討された援助方針案に基づいて、児童相談所長が援助方針を決定します。ただし、児童福祉施設入所及び里親委託については親権者の意に反して措置することはできません。親権者の意に反しても、子どもの最善の利益を図るために里親委託や施設入所が必要な場合には家庭裁判所に申立てを行い、承認審判を得たうえで入所等を行うことになります。

なお、児童虐待の通告については即日緊急受理会議を行います。

資料6：児童相談所における児童相談の流れ

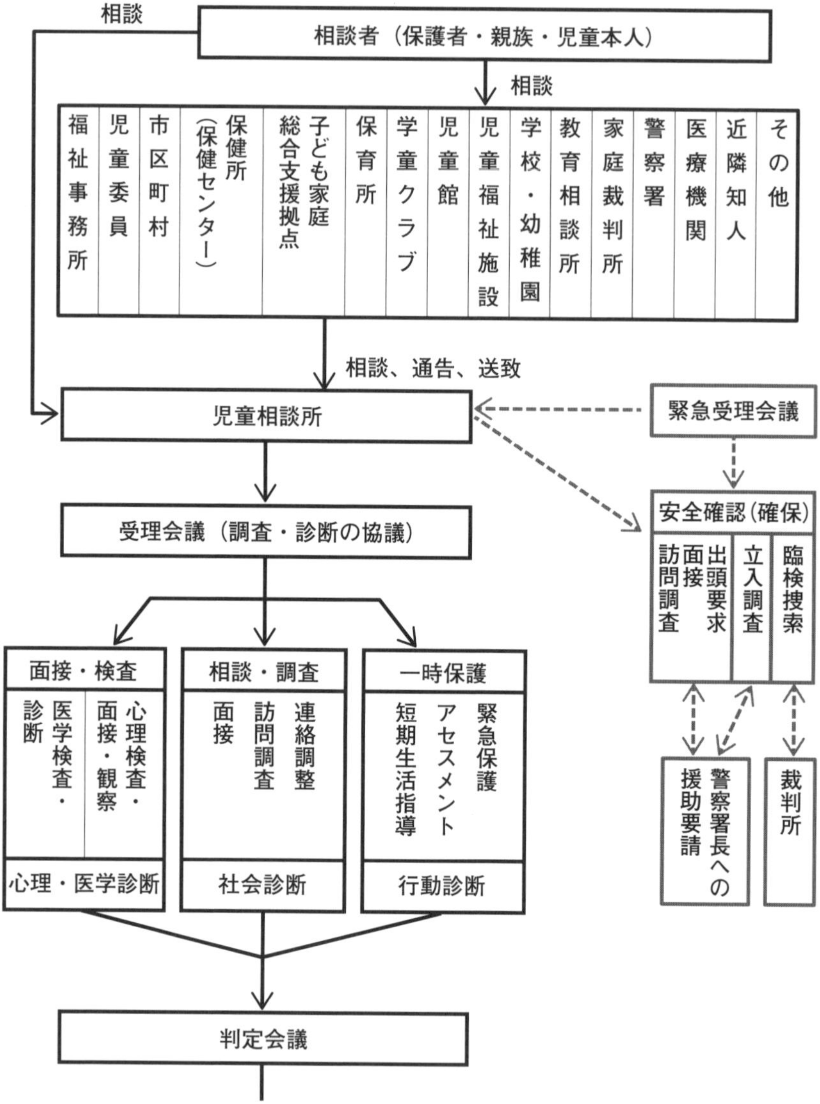

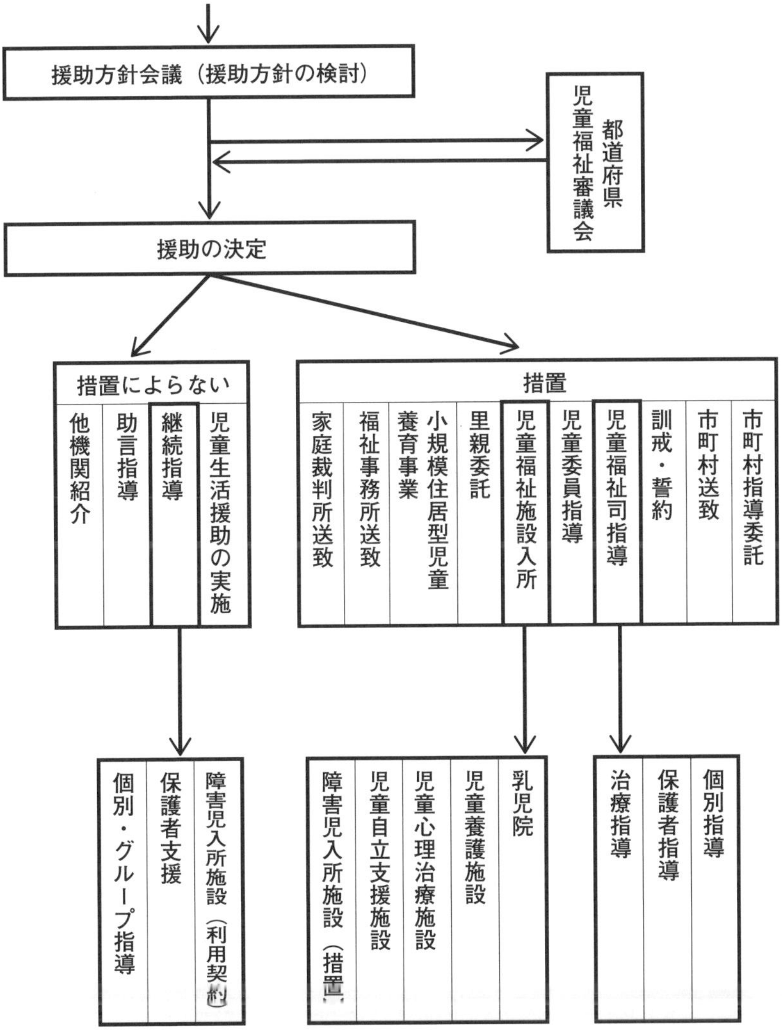


出典：東京都児童相談センター「児童相談所のしおり」2019（令和元）年を加工

# Q20 相談の受付はどのように行われますか？

**Answer**

相談の受付には、次のようなものがあります。

1　来所による受付

・直接児童相談所に相談者が来所する場合や巡回相談、出張相談等の会場での相談

・家出した子ども、触法児童などを警察や関係者等が子どもを連れて来所（通告・送致）する場合

2　電話による受付

・子どもに関する相談

・児童虐待等の通告

3　文書による受付

・通告書、送致書

・意見書、届出書、援助・調査依頼書等

・関係機関からの照会

なお、相談の受付時は子どもや保護者にとって、危機的な状況である場合もあり、相談受付の方法がその後の経過に大きな影響を与えます。子どもや保護者の気持ちを和らげ、秘密は守ることを伝え、受容的に、慎重に対応します。

児童虐待については、相談、情報提供等としてもたらされる場合も多いので、外部から個人を特定できる虐待に関する情報は、全て、虐待通告として扱い、速やかに緊急の会議（受理会議）を開催し、受理の要否や初動方針を組織決定し対応します。いつでも適切な対応ができるよう休日・夜間の体制等を整備することが必要です。

## 相談を受ける際の留意点を教えてください。

**Answer**

子どもや家庭に関する相談は、相談者にとって大変なことが起きていると感じていることが多く、相談にあたっては家庭内のプライバシーに関することを話す必要があります。

相談受付時の対応がその後の経過に大きな影響を与えることが多いので、常に真摯かつ誠実に相談を受け止めることが必要です。話しやすい雰囲気をつくり、相談者の気持ちを和らげ、相談者のプライバシーが保護されることを説明した上で、相談者の持っている問題を率直に話してもらい、問題点を整理して、主訴を的確に把握することが必要です。

なお、児童相談所において相談や調査、判定に従事した職員が、正当な理由なくその職務上知り得た人の秘密を漏らしたときには、守秘義務違反として処罰されます。

**相談で知り得た秘密は、家族に話すことも「NO！」です**

参照：児童福祉法第61条

# Q22



## 相談を受けた時、相談者が話したことだけを問題にすればよいのですか？

**Answer**

相談の受け付け段階では、相談者から今困っていることや、児童相談所にやって欲しいこと、解決したいことの訴えがまず前面に出ます。

例えば、「療育手帳が欲しい」という相談の場合、担当者はすぐにその手続きを取ろうとしたくなります。しかし、なぜ手帳が欲しいという訴えなのか、考えてみることも必要です。子どもの発達の状況や障害についての理解ができない、しつけや、教育の方法がわからない、家族関係、親子関係がうまくいかない、友達と遊べない、経済状態で問題を抱えている、近隣や地域との関係、子どもの将来についての不安、等々、何らかの問題を抱えている可能性があります。そういう問題を感じながらどうしてよいかわからず、療育手帳が欲しいとだけ言っている場合や、すぐに解決の必要はないけれども、何らかの支援を求めるきっかけとして、考えている可能性があります。

相談に当たっては、相談者が訴えたことだけでなく、その背後に、もっと深い問題を抱えているかもしれない、ということを常に念頭に置いて話を聞くことが必要です。

また、相談者の言葉だけではなく、関係機関等の情報を収集するなどして、子どもと家庭の置かれている状況を適切に把握することで、相談の裏側に隠れている本当の問題が明らかになることもあります。

# Q23

## 相談記録はどのように作成するのですか？

**Answer**

児童相談所の記録は、世帯ごとではなく相談を受理した子どもごとに作成します。

児童相談所の相談援助活動は、担当者等が個人として行うのではなく、行政機関として行う業務ですので、援助方針の見直しや担当者不在時の対応などの場合に、適切に対応できるようケースの概要や各種診断結果、援助経過などを記録しておくことが必要となります。

記録をする際には５Ｗ１Ｈ（誰が、いつ、どこで、何を、なぜ、どのように）をきちんと記載するとともに、客観的な事実と担当者が感じた評価を書き分けることが必要となります。

この記録は、自治体の保有する個人情報として、開示請求の対象となります。

さらに、「母」や「兄」と書いたときに、誰から見た続柄なのかをしっかり書き分けておかないと、誤解を生むことがあります（「相談者の母のこと」なのか「子どもの母のこと」なのかわかりにくい記録があります。）。

国は保存する期間については、援助内容に応じて、永年保存、長期保存、子供が25歳に達するまで、援助終了後５年間と示しており、自治体ごとに条例で保存期間を決めています。

## チームによる相談対応とはどのようなことですか？

**Answer**

児童相談所の相談援助活動は、複数の職員によるチーム対応が原則です。

受け付けた相談は、受理会議によって対応調査方針が決定され、主に児童福祉司、相談員等による調査に基づく社会診断、児童心理司等による心理診断、医師による医学診断、一時保護所の児童指導員、保育士等による行動診断、その他の診断（理学療法士等）が行われます。多面的に見ることによって、より適切な対応が図られるため、原則としてこれらの者の協議による判定会議において総合的な診断を行い、援助会議において援助方針を決定し、援助を実行します。

児童相談所の専門性は職員の協働により維持されるところが大きく、そのためにも、受理会議、判定会議、援助方針会議等の会議の位置づけを明確にし、相談援助の中心となって関わる担当者を決定しておくことが重要です。

援助の実行にあたっては、チームのメンバーが連携し、協力し合いながら、相談援助活動を進めます。

# ②

# 調　査

# Q25 児童相談所が行う調査にはどのような意義がありますか？

## Answer

調査は、児童相談所の問題解決にあたって、子どもの健全な成長発達にとっての最善の利益を確保する観点から、子どもや保護者等の状況等を知り、それによって子どもや保護者等にどのような援助が必要であるかを判断するために行われるものです。

そして、それは相談者との相互信頼関係の中で成立するものです。

そのため、事情聴取的な調査ではなく、子どもや保護者等の気持ちに配慮しながら情報の収集を行います。

調査のための面接がそのまま指導のための面接の場となることも多いので、調査するだけでなく、援助する者として接することも同時に求められます。その際には、自らの価値観や倫理観に基づいて批判したり、責めたり、裁くようなことはせず、子どもや保護者等の気持ちに寄り添うことに心がけ、信頼関係の樹立に努め、援助することが大切です。

なお、児童相談所の調査にあたっては、子ども本人や保護者から情報収集することが基本であり、聞くことをためらってはなりません。

Column

Column 2

## 子どもの最善の利益の保障

「子どもの最善の利益の保障」とは、子どもの基本的な人権を定めた「子どもの権利条約」の一般原則の一つで、子どもの最善の利益を第一に考えるべきことです。

我が国は、条約批准後、2016（平成28）年に児童福祉法が改正され、子どもは、子どもの権利条約にのっとり基本的人権をもち、そして子どもの最善の利益が優先して考慮され育成されなくてはならないとの理念が定められました。またこの原理は、子どもに関する法の施行にあたっては常に尊重されなければなりません。子どもを権利主体として明記したことは画期的なことですが、今なお子どもを権利主体とした体制整備の実現に向けた途上にあります。

2011（平成23）年には民法が改正されました。

親権に関する第820条に「子の監護及び教育する権利・義務」について「子の利益のために」を入れ、これにより、親権は子の利益のために行使する権利・義務であると、子どもの権利を明文化しました。

また第766条では協議離婚する際には、「子の利益を最も優先」して、「親子の面会交流、養育費の分担等について協議で定める」こととされました。従前は協議事項が具体的に明記されていなかったのですが、この改正により、離婚による子どもの不利益の是正は一歩前進したといえます。

ところで「子ども」の定義ですが、法律によって対象年齢が異なります。児童福祉法では18歳未満を言います。ただし18歳、19歳については、学校に行っている年齢であるなどから、特例が認められる場合があります（延長者といいます）。

また民法上の成年年齢は、2022（令和４）年４月１日からは、およそ140年間続いてきた「20歳」から「18歳」に引き下げられます（第４条）。

成年年齢の意味は、単独で契約できる年齢である点と、親権に服さなくなる年齢の２点です。

この改正を受けて、年齢要件を「未成年」とか「成人」、あるいは「20歳未満」、「18歳未満」と規定していた場合、改めて、18歳、20歳のどちらを基準とするか検討されました。

少年法の適用年齢は現在20歳未満ですが、これを18歳未満に引き下げるかどうかについて、2020（令和２）年８月現在検討中です。18、19歳については、成人として対応すべきなので引き下げるべきという考え方と、現行法の手続きや処遇が再犯防止に役立っているとし、引き下げに反対する考え方があります。

# Q26

## 調査事項の内容を教えてください。

**Answer**

調査事項は相談の内容によって異なりますが、標準的には次のような事項が調査対象となります。これらは、診断・判定における基礎的かつ重要な情報となるので、各自治体において、調査事項及び内容、様式、手順等を定め、調査を確実に実施するための調査チェックリスト等を定めることが必要です。

① 子どもの居住環境及び学校、地域社会等の所属集団の状況
② 子どもの家庭環境、家族の状況
③ 子どもの生活歴、生育歴
④ 子ども、保護者等の現況
⑤ 過去の相談歴等
⑥ 児童相談所以外の機関の子ども・家族への援助経過
⑦ 援助等に関する子どもや保護者等の意向

特に児童虐待に係る通告については、必要に応じ近隣住民、学校の教職員、児童福祉施設の職員その他の者の協力を得つつ、その子どもとの面会その他の手段により、その子どもの安全確認を行うための措置を講ずることが義務づけられています。

# Q27

## 調査の進め方はどのようになっていますか？

**Answer**

調査の開始及び担当者は、緊急の場合、巡回相談中の場合等を除いて、原則として受理会議を経て決定します。虐待通告等、安全確認を必要と判断される事例については、速やかに緊急受理会議を開催し、対応方針を決定します。児童虐待通告を受けた場合の子どもの安全確認は通告受理後、「48時間以内とする」ルールに基づいて実施することになっています。受理会議で確認された調査を適切に実施していきます。

調査の方法には面接、電話、照会、委嘱、立入調査等による方法があります。虐待相談の場合、緊急保護の要否を判断する上で子どもの心身の状況を直接観察することがきわめて有効です。そのため、子どもの安全確認を行う際には、子どもを直接目視することを基本とします。

いずれの場合にも子どもや保護者等の意向を尊重するよう努め、子どもや保護者以外の者から情報を得るときは、原則として子どもや保護者の同意を得てから行うよう配慮する等、プライバシーの保護に留意します。また、児童虐待に係る通告者についても特定させるものを漏らしてはならないことになっています。

児童虐待の調査について、保護者の協力が得られない場合には、職権による調査を行うことが必要です。

# Q28

## 調査権限や範囲について教えてください。

**Answer**

児童相談所による調査は、子どもや保護者等との面接を中心に行いますが、それだけでは正確に事実関係をつかむことができない場合があります。虐待の当事者（保護者、子ども）は、隠そうとする場合が少なくありません。そこで、当事者の周辺（たとえば、学校や保育園、病院など）からも幅広く情報を得ます。職務上知りえた個人情報を漏らすことは、本来は守秘義務違反になるのですが、児童相談所等の行う児童虐待防止のための調査に協力する場合は、守秘義務違反にはならないことが明文化されています。

具体的には次の通りです。

1　市区町村長や児童委員に協力を求め、または児童委員や福祉事務所長に必要な調査を委嘱できます。

2　要保護児童対策地域協議会は構成する関係機関に対して、資料又は情報の提供、意見の開陳その他の協力を求めることができます。また、医療機関（医師、歯科医師、保健師、助産師、看護師を含む）、児童福祉施設、学校等にも、情報提供を求めることができます。そのため、日頃から、要保護児童対策地域協議会への参加を働きかけることが大切です。

参照：児童虐待防止法第13条の4

# Q29



## 誰が調査するのですか？

**Answer**

児童相談所による調査は、児童福祉司が中心に行いますが、内容によっては児童心理司、医師やその他の児童相談所職員も対応します。

虐待相談の場合は、調査の客観性がとりわけ求められ、また、保護者等から妨害を受けたり危害を加えられる場合もあるので、調査は複数の職員で対応するなど、柔軟な対応が望ましい場合が少なくありません。

なお、令和元年度の児童虐待防止法の改正によりこのように虐待に関する初期対応等の調査など介入的に関わる職員と、保護者を支援する職員は別の者を充てることになりました（施行は2020（令和２）年４月１日)。従前は、子どもを守る立場と虐待する保護者を支援する立場の両面を、一人の職員が対応する場面が多かったのですが、保護者との信頼関係を築き難い側面があったからです。

# Q30 子どもの安全確認

## どのように子どもの安全を確認するのですか？



**Answer**

児童相談所が虐待通告を受けた際は、原則48時間以内に、子どもの安全を直接確認するという「時間ルール」が設けられています。児童相談所は、速やかに緊急受理会議を開き、子どもの状況を確認する時期や方法などの対応方針を決めます。安全確認には、児童福祉司以外に医師や児童心理司など複数の職員の立会いが望ましいとされています。保護者の協力が得られず、子どもの安否を確認できない場合には、次の方法がとられます。

1　児童相談所が家庭を訪問しても長期間子どもの姿を確認できないなどの場合には、子どもを同伴し、指定の場所まで出てくるよう、保護者に要求できます（出頭要求）。

2　保護者が出頭要求に応えない場合や出頭要求を行う時間的な猶予がない時には、子どもの住所に立ち入り、子どもの安否確認に必要な調査又は質問ができます（立入調査）。その際、必要がある場合は警察へ援助を要請します。立入調査を不当に妨げたりしたときは、50万円以下の罰金に処せられます。

3　立入調査が拒否された場合は、「臨検・捜索」の手続きに入ります。「臨検・捜索」とは、裁判所の許可を得て、強制的に住居に立ち入り、人の発見を目的に探し出すことで、直接、子どもの安全確認を行うことです。

児童相談所は、子どもの安全を確認・確保するために与えられた法的権限を確実に行使し、子どもを守る使命があります。

参照：児童虐待防止法第８条の２、第９条、第９条の２、第９条の３、
児童福祉法第29条

# ③
# 診断・判定

# Q31

## 児童相談所の行う診断・判定とはどのようなことをするのですか？

**Answer**

児童相談所が相談に応じる際に、担当者の個人的な思いや意見ではなく、専門的、科学的な根拠に基づいて、合理的、客観的な視点から問題点を分析し、子どもの最善の利益を実現する支援のあり方について検討する必要があります。この過程を診断といいます。

児童福祉司による社会診断、児童心理司による心理診断、医師による医学診断、一時保護所職員による行動診断等があります。

そして、これらの各専門職が行ったそれぞれの診断結果を持ち寄り、協議し、総合的な見地から児童相談所としての援助方針を立てることになります。それを判定（総合診断）といいます。

参照：児童福祉法第11条

# Q32

## 社会診断は誰がどのように行うのですか？

**Answer**

社会診断は主に児童福祉司が担当します。

子どもの性格・行動や生育歴、保護者の生育歴、家族歴、性格、価値観、家庭内及び家庭や近隣等との人間関係、経済状況等についての調査結果を踏まえ、主訴、主訴の背後にある本質的問題、問題の性質、子どもや保護者の置かれている状況、環境との関係などについて社会福祉学の立場から分析します。

虐待がある場合、まずは子どもの安全を確認することが最も大切なことになります。子どもの安全確認ができた後に、虐待の内容、頻度、危険度、子どもへの影響、虐待する保護者に対する家族内での認識・感情・態度、家庭内外におけるキーパーソンの有無などについて詳しく調査します。

子ども本人だけではなく、保護者をはじめとする家族、学校や保育所、地域の福祉事務所や児童委員などの関係機関や医療機関など、その子どもに関係する様々な人や機関から情報を得ます。

また、その子どもを担当している児童心理司、医師、一時保護所の児童指導員や保育士などとも情報交換をします。

これらの情報や分析をもとに、社会資源の活用の可能性や、子どもや保護者の意向も合わせて、援助方法を検討します。

# Q33 心理診断は誰がどのように行うのですか？

## Answer

心理診断は主に児童心理司が担当します。

子どもの成長過程や、家庭の中で起きている問題について、子どもの発達や心理にどのような影響があるのか、その状況を子どもはどのように感じ、どのように受け止めているかを把握することにより、心理学的立場から支援の方針を検討します。

方法としては、

① 子ども自身への発達検査、知能検査、性格検査などの心理テストを含む個別面接や観察

② 保護者への面接（必要に応じて心理テストも行う）

③ 学校や保育所など関係者への聞き取り

④ 一時保護所での生活の状況等の観察や担当職員からの聞き取り

⑤ 医学診断を行う医師と連携して、精神医学的診断への協力

などです。

心理診断の内容としては、

① 発達・知的レベルとその内容

② 情緒・行動面の特徴

③ 心的外傷体験の程度

④ 親子関係・家族関係

⑤ 集団生活（学校、保育所等）の適応状況

⑥ 家族の病理性

などです。

# Q34

## 医学診断は誰がどのように行うのですか？

**Answer**

医学診断は主に小児科医や精神科医により行われます。

相談に訪れる子どもたちには、遺伝的要因や出産時の問題、発達の遅れ、身体疾患、障害など子ども自身の要因が背景にあることが多く見られます。また、一見心身ともに健康に見えても、生活の不安定さや、虐待などの心的外傷による情緒面での問題が見られたりもします。そのことが後の行動上の問題や、精神疾患発症の危険性と結び付く可能性も考えられます。医学診断の方法は、精神医学的診察、身体医学的診察を行い、子どもの発達や健康状態を把握し、医学的検査や経過観察、治療の必要性などを判断し、予後の予測と医療機関の紹介など医学的援助などを行います。

診断にあたっては、児童心理司による心理検査や、面接の結果なども参考にします。

また、医師が個別に診察するだけでなく、必要に応じて生理学的検査をしたり、外部の医療機関や、理学療法士、聴覚言語療法士などに協力を求めたりもします。

医師をはじめとして医療関係の職員は、非常勤の場合もあり、定例的に行われる判定会議や援助方針会議に参加できないこともあります。会議の場では児童福祉司や児童心理司が医師に代わって診断結果を報告することもあるので、医学診断の内容をきちんと確認しておくことが大切になります。

# Q35 行動診断とは何ですか？誰がどのように行うのですか？

**Answer**

行動診断とは生活態度や対人関係の取り方など、子どもの行動特徴を行動観察や面談を通して把握することをいいます。主に一時保護所の職員が担当します。行動観察は、心理診断や医学診断の際も行われますが、一時保護所での行動観察は職員が生活を共にする中で、客観的に、また子どもと関わりながら観察することができます。

一時保護所は集団生活で、対応する職員も交代制なので、家庭生活とは異なる生活となりますが、日常の言動がそのままの形で出現しやすく、24時間の直接観察ができます。

子どもは当初緊張して「良い子」を演じたり、試し行動を見せたりすることもありますが、安心して自分を出しても大丈夫ということが判ってくると、次第に自分の内面を出せるようになってきます。

行動観察のポイントは幼児と学齢児では多少異なります。

幼児の場合、身辺処理、生活習慣、意思疎通、遊び方、対人関係、健康状態、習癖、家族との関係、などを観察します。

学齢児の場合にはこれらに加えて、生活管理、健康管理、集団行動や行事への参加、学習、ルールやマナーの守り方、職員や他の児童との関わり方、要求や感情表現の仕方、不適応行動、行動の変化の様子、などがあげられます。

一時保護所では複数の職員が関わるので、主担当職員だけでなく他の職員の観察結果などの情報も得、また児童福祉司、児童心理司、医師等にも情報を提供し、子どもへの対応を依頼したり、助言を得たりすることも必要です。これらの情報は観察会議で情報交換と検討を行い行動診断の資料とします。

# Q36

## 総合的な判定とはどのようなことをいうのですか？

**Answer**

総合的な判定は事例の総合的理解を図るため、児童相談所の専門職が行う各種診断をもとに、各担当者の協議により作成される総合診断です。

通常、判定会議で検討されますが、援助方針会議に合わせて実施することもあります。

判定は子どもの身体的、心理的、社会的特性を考慮して行われます。さらに、子どもの所属する家庭や保育所や学校などの所属集団等を含めて、それぞれの問題解決能力や地域の支援体制などについても考慮します。

判定は子どもやその保護者の意向を踏まえ、また、具体的援助を実施する施設や機関に理解されるものであることが必要です。そして、子どもの問題点だけでなく、良い面、積極的な側面に着目し、子どもの自己実現を援助するものであることが望まれます。

# Q37



## 援助計画とは何をどのように作成するのですか？

**Answer**

総合的な判定をもとに具体的な援助方針・援助計画を立てます。

援助方針・援助計画には子どもや家族の意向、状況を踏まえ、長期目標、短期目標を盛り込みます。

たとえば在宅で援助の場合、週１回、親子で来所して、子どもは児童心理司がプレイセラピーを、親は児童福祉司が面接をするなどのように、誰が、どのくらいの頻度で何をするのか、を検討します。

児童相談所の職員だけでなく、児童委員や学校などの関係機関との協力も含まれます。

また、施設に入所する場合には、児童養護施設か児童自立支援施設かなど施設種別を、さらに施設の特徴や所在地なども考慮して、具体的にどの施設が適切かを検討します。

援助計画は援助方針会議で提案し、そこで承認され児童相談所としての決定に基づき実施されることになります。

# ④
# 一時保護

# Q38 一時保護とは

## 児童相談所の行う一時保護とはどのようなことですか？

**Answer**

一時保護とは、児童相談所長等*が子どもの安全を迅速に確保する必要があると判断したとき（緊急保護）や、子どもの心身の状況、その置かれている環境その他の状況を把握する（アセスメント保護）ために、法に基づき児童相談所の一時保護所又は適当な者に委託して子どもの身柄を預かることです。

一時保護の期間は、２か月を超えてはなりません。ただし、児童相談所長等が必要と認めた時は、引き続き一時保護を行うことができます。引き続きの一時保護が親権者の意に反する時には２か月を超えるごとに家庭裁判所の承認が必要となります。

一時保護は、虐待を受けた子どもの安全を確保する場合には、子ども本人や保護者の意向に反してでも実施することができます。

このように非常に強い行政権限を持つもので、時には子どもや保護者の反発を招くこともありますので、できるだけ丁寧な説明を行い、納得を得ることが大切です。

＊児童相談所長又は都道府県知事（ほとんどの自治体で都道府県知事権限は児童相談所長に委任されている。）

参照：児童福祉法第11条、第12条の４、第33条

# Q39 一時保護をする場合

## どのような場合に一時保護が行われますか？

**Answer**

一時保護の機能として「緊急保護」と「アセスメント保護」、「短期生活指導」があります。こうした機能は、必ずしも一つに限定されることなく、併行して行われることもあります。

(1)　緊急保護

子どもの安全を迅速に確保する必要がある場合に行います。

①　迷子、家出した子どもなど、現に保護者や宿所がなく緊急に保護する必要がある場合

②　虐待等により、子どもを家庭から一時引き離す必要がある場合

③　子どもの行動が自己や他人の生命、身体に危害を及ぼす場合

④　重大事件に係る触法少年として警察から送致等を受けた場合

(2)　アセスメント保護

子どもの心身の状況、環境等を把握する必要がある場合、一時保護による十分な行動観察により、総合的なアセスメントを行い適切な援助方針をたてます。一時保護所においては、子どもの全生活場面について行動診断を行います。

(3)　短期生活指導

子どもの行動上や精神的問題を軽減・改善するための短期間の心理療法やカウセリング、生活指導等が必要であって、地理的に遠隔又は環境等の条件により、一時保護によることが効果的な場合に行います。

なお、一時保護の期間は２か月を超えてはならないことになっていますが、２か月まで一時保護を行うということではなく、必要最低限の期間とすることが必要です。

# Q40 一時保護を行うとき、どのような手続きが必要ですか？

**Answer**

⑴　一時保護開始の手続き

一時保護は受理会議等で検討し、児童相談所長が決定します。

一時保護を行う場合は、子どもや保護者に保護理由、目的、予定される概ねの保護期間、一時保護中の児童相談所長の権限などを説明し、同意を得たうえで保護します。

但し、子どもの安全確保のため一時保護が必要なときには、子どもや保護者の同意がなくても保護を行います。特に、児童虐待を受けた子どもの保護は、生命に危険があることから、保護者の同意がなくても、ためらわずに一時保護を行います。

一時保護の決定は、理由や一時保護場所を文書で保護者に通知します。但し、児童虐待等で子どもの一時保護場所を明らかにすると、子どもの保護に支障をきたすときは、非開示にできます。

⑵　一時保護継続の手続き

一時保護の期間は２か月を超えてはならないとされています。しかし、児童相談所長等が必要と認めるときは引き続き一時保護ができますが、親権者の意に反する場合には、２か月を経過するごとに家庭裁判所の承認を得なければなりません。

⑶　一時保護解除の手続き

一時保護の目的を達したときは、速やかに一時保護を解除します。解除にあたっては、在宅指導の場合は、継続的な支援ができるように関係機関等と調整が必要であり、里親委託や施設入所をする場合は、養育環境の変化による不安等に対するケアを行うことが必要です。

参照：児童福祉法第33条

　　　児童虐待防止法第12条第３項

# Q41 どこで一時保護を行うのですか？

**Answer**

一時保護が必要な子どもは、児童相談所に付設している一時保護所での保護と、児童福祉施設や里親等に一時保護委託を行う場合があります。

一時保護所は、児童相談所に付設又は児童相談所と密接な連携が保てる範囲内に設置されています。また設備や運営については児童養護施設について定められている設備運営基準を準用しています。

全国の児童相談所設置自治体には、最低１か所の一時保護所が設置されており、全国には139か所あります（2019（平成31）年４月１日現在）。

一時保護所の年間平均入所率は、一時保護所により様々です。約１割の一時保護所では定員を超えた入所状況となっており、子どもの生活空間が十分確保されていないなどの問題も出ています。



資料７：年間平均入所率（一時保護所）―2018（平成30）年―

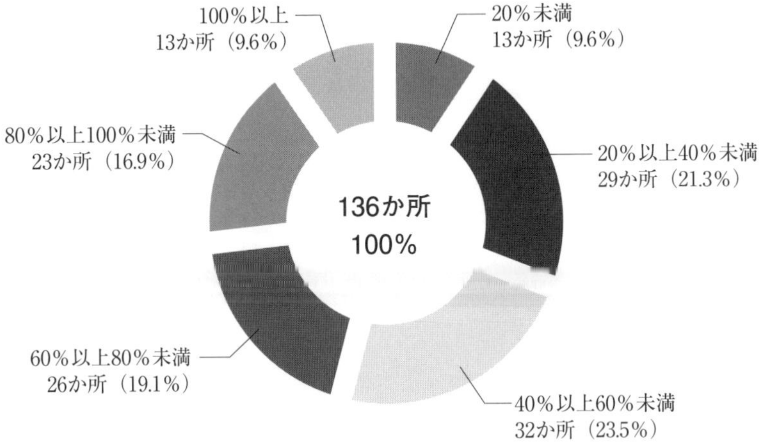


※平成30.1～12の間の一時保護所（136カ所）の平均入所率

【厚生労働省子ども家庭局家庭福祉課調べ】

# Q42 一時保護所でどのように生活しているのですか？

**Answer**

一時保護所には、概ね２歳から18歳までの子どもたちが、様々な理由で不安や不満を抱えながら一時的に保護者と離れて生活をしています。

毎日の生活は、子どもたちの年齢や状態にあわせて学習や運動、あそびなどの日課が用意されています。

学齢児については、子どもの安全が確保され、一時保護の目的に支障がない場合には、もともと通っていた学校に通学することもできます。しかし、通学することで一時保護の目的に支障が出たり、子どもの安全が脅かされる場合には、登校できません。登校しない場合には、一時保護所内で教員免許を持った職員等の指導の下で学習をすることになります。その場合在籍校と出席の取扱いについて調整することが必要です。

ある児童相談所の学齢児の日課を例示します

幼児については、学習時間が「あそび」や「散歩」などの活動となり、午睡も行い、起床・就寝時間も異なります。

ある児童相談所学齢児の日課（例）

| 時程 | 日課 | 留意点等 |
|---|---|---|
| 7：00 | 起床 | 寝具、部屋の整理整頓 |
| 7：30 | 朝食 | |
| | 自由時間 | 読書、自習、学習準備など |
| 9：30 | 教科学習 | 国語、算数、英語、理科、社会など<br>その日によって午後の活動と入れ替わる |
| 11：30 | 片付け | |
| 12：00 | 昼食 | |
| | 自由時間 | |
| 13：30 | 教科外活動 | スポーツ（ソフトボール、サッカー、ランニングなど）<br>レクリエーション<br>工作・絵画<br>屋外活動<br>グループワークなど |
| 16：00 | 清掃 | |
| | 入浴 | |
| | 自由時間 | |
| 18：00 | 夕食 | |
| 19：00 | 反省・日記 | |
| 20：00 | 余暇活動 | レクリエーション、グループワークなど |
| 21：30 | 就寝 | |

# Q43 一時保護委託先での生活

## 一時保護委託の場合には、どのように生活しているのですか？

**Answer**

一時保護委託では、可能な場合には里親等への一時保護を検討し、良好な家庭における養育環境と同様な生活環境を保障し、個別的な対応ができるようにしています。

実際には一時保護委託の約６割が児童福祉施設に委託されています。児童福祉施設に一時保護委託された子どもたちは、その施設に入所している子どもたちと、同様な日課に基づいて生活することになります。

学齢児が、児童養護施設や里親に委託された場合には、原則的には一時保護先の学校に通学することになりますが、可能であれば一時保護前に在籍していた学校に通うこともあります。その場合には、安全に通学ができるような登校手段を確保することが大切です。

子どもたちに個別的な生活を保障することは、家庭から分離され不安を抱えた子どもにとって安心して過ごせる要因ともなります。また、設備だけではなく子どもたちに対応する里親や児童福祉施設の職員が、子どもたちの気持ちを受け止め、不安に思っていることを一緒になって考えるなど、受容的な対応を心がけることによって、子どもたちに安心した一時保護委託先での生活を保障することになります。

資料８：一時保護委託先別割合―2018（平成30）年度―

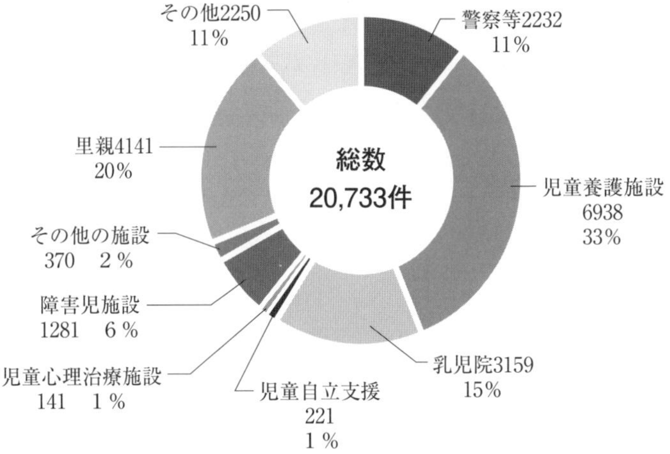


出典：2018（平成30）年度　福祉行政報告例　一時保護委託解除件数を加工

# Q44

## 一時保護されている間の子どもと保護者との連絡はどのようになりますか？

**Answer**

一時保護されている子どもと保護者との面会や電話、手紙等への対応は、その子どもの人権に十分に配慮しながら、子どもの最善の利益に資するか個別に判断することになります。

保護者との面会によって子どもが安心して、安定した一時保護の生活ができる場合があります。ただし、子どもが保護者との面会等によって不安定になることがないような配慮が必要となります。子どもが保護者に会うことで安心できる場合や、保護者が子どもとの面会ができないことを不満に思うこともあります。こうしたことに配慮しながら、総合的に判断し、子どもの負担にならない範囲で面会の方法や頻度を検討します。

虐待のために一時保護した場合には、子どもの安全を図るために、一時保護場所の非開示や面会通信を制限することができます。この面会通信制限の方法については、保護者に説明を行い、まずはケースワークの中で保護者の同意のもとに行います。しかし、保護者の理解を得られない場合には、次の段階として法に基づく面会通信制限を行うことになります。さらに、保護者が強引に子どもの居所に押し掛ける場合に、罰則を伴う接近禁止命令という制度があります。

参照：児童虐待防止法第12条

# ⑤
# 援　助

# Q45

## 児童相談所の援助方法は、どのようにして決まりますか？

**Answer**

児童相談所の援助を決定する流れは、資料９の図のとおりです。

各診断等の担当者は次のとおりです。

○社会診断は、主に児童福祉司が実施します。

１保護者、子ども等との面接、２関係者との面接、３観察、４生活環境調査、５照会、委嘱、立入調査、６その他

○心理診断は、主に児童心理司が実施します。

１保護者、子どもとの面接、２心理検査、３観察、４その他

○医学診断は、医師が実施します。

１問診、診察、２医学的検査

○行動診断は、主に一時保護所職員（児童指導員、保育士等）が実施します。

１行動観察、２生活場面における面接

○その他の診断

理学療法士、言語聴覚士、その他の職種による診断

○判定（各種診断を行った者の協議）

各種診断をもとに総合診断を実施し、援助指針案を作成します。

○援助方針会議（原則週１回開催　児童相談所長、各部門長、児童福祉司、児童心理司等参加）

○援助方針の決定（児童相談所長）

○援助の実行　担当者を決定し、援助を実行します。

資料９：援助決定の流れ

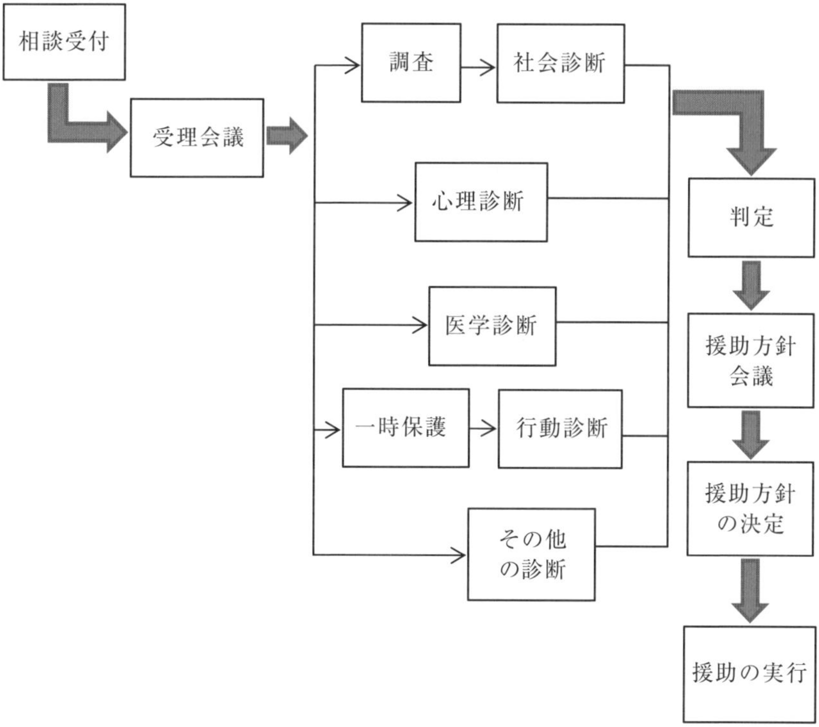


出典：厚生労働省「児童相談所の運営指針」2018（平成30）年10月を加工

# Q46

## 児童相談所の行う援助にはどのようなものがありますか？

**Answer**

児童相談所で行う援助の種類は、表のとおり、「措置」と「措置によらない援助」とに分けられます。

措置とは行政庁によって行われる行政上の処分を言いますが、児童福祉の領域では児童福祉法に基づいて、知事（児童相談所長に委任）が権限を与えられている援助・育成に関わる行政処分をいいます。

措置によらない援助には、１～数回の面接で解決する「助言」や、家族内の調整は必要ないが、子ども自身が児童相談所に通ってカウンセリングを受けたい、などという場合の「継続指導」などがあります。

実際には資料10に見るように相談の約８割以上は措置によらない援助が行われています。

一方、家庭内で複雑な問題を抱えていたり、児童虐待など、家族全体に対する濃密な指導や、子どもを家庭から離す必要があるような場合には、行政処分として、「児童福祉司指導」や「施設入所」、「里親委託」などの「措置による援助」を行います。

また、援助を在宅で行う在宅指導と、それ以外に分けることができます。在宅指導には、措置によらない指導と、措置による指導が含まれます。

参照：児童福祉法第11条、第26条、第27条、第27条の２

## 資料10：児童相談所における援助の内訳

件

| | | |
|---|---|---|
| 措置によらない援助 | | 431,443（85.5%） |
| 内訳 | 助言指導 | 358,817（71.1%） |
| | 継続指導 | 60,175（11.9%） |
| | 他機関あっせん | 5,516（1.1%） |
| | 障害児入所施設利用契約 | 6,935（1.4%） |
| 措置による援助 | | 24,785（4.9%） |
| 内訳 | 児童福祉司指導 | 6,684（1.3%） |
| | 地域関係機関への委託・送致 | 6,368（1.3%） |
| | 訓戒・誓約 | 1,104（0.2%） |
| | 児童福祉施設等* | 8,591（1.7%） |
| | 里親委託 | 1,800（0.4%） |
| | 家庭裁判所送致 | 238（0.0%） |
| その他 | | 48,628（9.6%） |
| 総数 | | 504,856（100.0%） |
| 年度末未対応 | | 39,150 |

＊児童福祉施設入所・通所、指定発達支援医療機関委託
出典：2018（平成30）年度福祉行政報告例を加工

# Q47 在宅指導とはどのようなことですか？

## Answer

在宅指導には⑴措置によらない指導、⑵措置による指導、⑶訓戒・誓約があります。

### ⑴ 措置によらない指導

#### ① 助言指導

児童相談所の援助の約７割を占めており、最も多い指導方法です。１回ないし、数回の助言や指示、説得、情報提供等の適切な方法により、問題が解決すると考えられる子どもと保護者に対する指導方法です。児童福祉司や児童心理司、相談員、医師などの職員によって行われますが、必要な場合には他の職員と協力して行います。

#### ② 継続指導

助言指導のように数回の指導で改善できない複雑困難な課題を抱えた子どもや保護者等を指導する場合に、子どもや保護者を児童相談所への通所や、必要に応じて訪問を行い継続的にソーシャルワークや心理療法、カウセリングなどを行います。保護者や子どもが相談意欲を持つ場合に、効果が期待できる主体性を尊重した取り組みです。

#### ③ 他機関あっせん

他の専門機関で医療、指導、訓練等を受けたり、児童相談所以外の制度を活用することが適当な場合、保護者や子どもの意向を確認したうえで、機関を紹介します。

### ⑵ 措置による指導

児童相談所が行政処分として措置を決定するものです。子どもや保護者の意向を考慮することが必要ですが、虐待や非行相談など必ずしも保護者や子どもが改善に向けての問題意識をもっていなくても、児童相談所の指導が必要な場合に実施します。

① 児童福祉司指導

複雑困難な家庭環境に起因する問題を有する子ども等、援助に専門的な知識、技術を要する場合に、家庭訪問や通所等により継続的に行います。指導の中心は児童福祉司ですが、必要に応じて他の職員が参加することもあります。

② その他、地域関係機関による指導

児童委員指導、市町村指導、児童家庭支援センター指導、知的障害者福祉司指導又は社会福祉主事指導があります。

問題が子どもや保護者の置かれた状況、地理的要因、過去の相談経緯などにより、地域の機関による指導が適当と考えられる場合に、児童相談所が措置決定をしたうえで、指導を委託します。家庭訪問や、通所などで実施します。場合によっては児童福祉司指導を併せて行うこともあります。

(3) 訓戒・誓約

子ども又は保護者に注意を喚起することで、問題の再発防止が図れる見込みがある場合に行い、養育の方針や留意事項等を明確に示すよう配慮します。

参照：児童福祉法第26条第１項２号、第27条第１項２号

# Q48

## 施設入所措置とはどのようなことですか？

**Answer**

児童福祉法の理念において、子どもは家庭で心身ともに健やかに養育されることが求められています。まずは保護者が子どもを適切に養育できるよう支援することが必要です。しかし、保護者の心身の状況や生活環境、その他の状況などから子どもを家庭において養育することが困難又は不適当な場合には、最初に家庭養育に準ずる里親委託等を検討します。しかし、里親等への委託が困難又は不適当な場合に児童福祉施設への入所措置を行います。この場合には、子どもや保護者に対し、入所理由や入所予定期間等を説明します。施設入所は、子どもを家庭から離して新しい生活環境に置くことになりますから、慎重に行います。

施設入所措置は、保護者の意に反して行うことはできません。しかし、保護者がその子どもを虐待するなど、著しく子どもの福祉を害している場合に、保護者が反対しているときには、家庭裁判所の承認を得て、入所させることができます。家庭裁判所が承認することのできる期間は２年を超えることはできません。

入所中は、保護者がいない場合には施設長が親権代行を行います。保護者がいる場合にも、施設長は子どもの監護、教育及び懲戒に関し必要な措置を行うことができ、保護者はこれを不当に妨げてはなりません。

参照：児童福祉法第７条、第27条第１項３号、第28条第１項・第２項

## 資料11：児童福祉施設の種類別　定員等

2017（平成29）年度末

| | | 対　象 | 施設数 | 定員 | 在籍人数 |
|---|---|---|---|---|---|
| 1 | 乳児院 | 家庭で生活できない乳児（但し、必要がある場合には幼児も可。）（法第37条） | 140 | 3,900人 | 2,715人 |
| 2 | 児童養護施設 | 保護者のいない児童（乳児を除く。但し、特に必要がある場合には乳児も可。）（法第41条） | 605 | 32,253 | 25,304 |
| 3 | 児童心理治療施設 | 家庭環境、学校における交友関係等の理由により社会生活への適応が困難となった児童を、短期間入所させ、又は保護者のもとから通わせて、社会生活に適応するために必要な心理に関する治療及び生活指導を行います。（法第43条の２） | 46 | 1,892 | 1,280 |
| 4 | 児童自立支援施設 | 不良行為をしたり、又はするおそれのある児童及び家庭環境その他の環境上の理由により、生活指導が必要な児童を入所させ、または保護者のもとから通わせて、必要な指導を行い、自立を支援します。退所者について相談などの援助も行います。（法第44条） | 56 | 3,524 | 1,033 |

このほか、障害児入所施設（福祉型及び医療型）があります。

Q49



## 里親委託とはどのようなことですか？

**Answer**

里親は、家庭での養育に欠ける子どもを、その子どもの発達のための温かい愛情と正しい理解をもった家庭に委託し、愛着関係の形成や健全な育成を図る制度です。特定の大人との愛着関係の下で養育されることで、子どもは自己肯定感を育み、基本的な信頼関係を獲得します。また、適切な家庭生活を経験することで、将来家庭生活を築くうえでのモデルとすることが期待されます。

里親には、次のようなものがあります。里親になるには、知事が行う研修を受け、名簿に登録されるなどの要件が定められています。また、子どもの生活に係る一般生活費や就学に要する経費が都道府県から支払われます。

里親の専門性確保と精神的負担軽減のため、一貫した里親支援を都道府県が行います。

(1) 養育里親　養子縁組を目的としないで、一定期間子どもを養育する里親です。保護者のいない子ども又は保護者に監護させることが不適当であると認められる子どもを養育します。

(2) 専門里親　養育里親の経験があり、養子縁組を目的としないで、虐待を受けたり、非行や障害がある子どもを専門的に養育します。

(3) 養子縁組里親　養子縁組を希望し、養子縁組が可能な子どもを養育します（養子縁組成立後は、児童相談所の里親委託は終了します）。

(4) 親族里親　両親の死亡等により養育できないなどの一定の要件を満たす子どもを、その扶養義務者及び配偶者が養育します。

参照：児童福祉法第６条の４、第11条、第27条第１項３号、第28条第１項・第２項

# Q50 児童自立生活援助事業

## 児童自立生活援助事業（自立援助ホーム）について教えてください。

**Answer**

児童自立生活援助事業（自立援助ホーム）とは、児童養護施設を退所した子ども等が、義務教育を修了したけれど社会的自立ができていない場合（20歳未満）や大学等進学中である場合（22歳の年度末まで）の者を対象として、就職先の開拓や仕事、日常生活上の相談、社会的に自立するよう援助することを目的とする入所型の事業です。

この事業を行う施設は自立援助ホームと呼ばれています。児童福祉施設ではありませんが、この施設の利用に当たっては児童相談所の援助方針会議を経る必要があります。また措置ではなく本人と施設との契約になります。

具体的には、子どもたちが自立した生活を送っていけるように、自立援助ホームでの生活を通して、就労希望の子どもについては、仕事の探し方や履歴書の書き方、面接の受け方などを指導し、就労後は職場の人間関係や、健康管理、金銭管理、余暇の過ごし方、日常生活上の生活管理に関しての相談や援助などの生活指導を行います。

また、施設の利用に伴う費用は、本人の所得に応じて負担を求めます。

参照：児童福祉法第６条の３第１項

# Q51 子どもの援助に、契約だけでなく措置がある理由を教えてください。

Answer

子どもの援助には「措置」と「措置によらない指導」があります。

援助の決定にあたっては、援助を行う理由や方法について、保護者や子どもの意見を聴き、合意を得ることが基本です。しかし、子どもや保護者の意向を尊重した指導では子どもの福祉を守れない場合があります。例えば、保護者が子どもを虐待しており、助言指導や継続指導では虐待の防止が図れない場合や、子どもの非行問題が深刻化しているが、保護者の問題意識がなく、改善意欲がみられない場合など、子どもや保護者の意に反する措置を取らざるを得ない場合があります。子どもを守るためには、当事者同士の意思による「契約」ではなく行政処分として、「措置」が必要になるのです。

但し、児童福祉施設入所や里親委託などは、その保護者の意に反して入所や委託措置を行うことはできません。このような場合は、家庭裁判所に児童福祉施設入所措置等の承認審判の申立てを行い、承認審判が確定した場合に入所措置をとることができます。また、児童福祉司指導等については、援助方針が子どもや保護者の意向と異なった時には児童福祉審議会の意見を聴かなければなりません。このように、措置については裁判所や第三者機関の意見を踏まえたうえで、決定を行います。

また、行政措置については、保護者は行政不服審査や行政訴訟を起こすことが可能であり、その旨を措置決定通知書に記載し教示することが必要となります。

## Q52　意向と異なる援助方針

### 援助方針と子どもや保護者の意向が異なるときには、どうしますか？

**Answer**

児童相談所が子どもの最善の利益を確保するために決定する援助方針が、子どもや保護者に説明しても理解を得られないこともあります。この場合には、子どもの最善の利益を確保するために、都道府県児童福祉審議会の意見を聴かなければなりません。

ただし、里親委託や児童福祉施設入所措置等で、家庭裁判所の審判で承認を経たうえで入所させる場合は、すでに司法による判断を得ていることから、意見を聴く必要はありません。

なお、児童福祉審議会の意見聴取にあたっては、原則として子どもや保護者に対して意見聴取を行う旨の説明を行い、児童福祉審議会の意見具申があった時には、その内容を速やかに説明します。

児童相談所長等は、児童福祉審議会の意見を尊重して援助決定を行います。ただし、児童福祉審議会の意見と実際の措置が異なった場合には、理由を付して児童福祉審議会に報告します。

参照：児童福祉法第27条第６項

# Q53

## 保護者との面会や通信を制限できる方法について教えてください。

**Answer**

児童虐待の防止及び安全確保のために必要があるときに、虐待を行った保護者に対して、児童相談所長は子どもとの面会及び通信を制限することができます。

入所措置されている子どものいる施設長も、面会・通信制限ができます。

面会や通信を制限する場合は、まずはケースワークの一環として保護者の了解の下で面会・通信を控えてもらうよう働きかけます。しかし、ケースワークによる面会・通信制限が守られない場合に、行政処分として面会・通信の制限を行います。

・面会制限：子どもの住所や居所（児童相談所の一時保護所、児童福祉施設、里親宅等）への訪問や押しかけ等を制限

・通信制限：子どもの住所や居所に対する手紙、FAX，宅配便等の送付、電話、電子メール等を制限

・一部制限：面会又は通信のどちらか一方だけを制限する場合

・全部制限：面会と通信の両方を制限する場合

行政処分としての面会・通信制限を行うには、保護者に弁明の機会を与えることが必要です。弁明内容を聴取したうえで必要と判断した場合に面会・通信制限を行います（緊急の必要がある場合には、弁明の機会を省くことができます）。

なお、面会・通信制限については期間の制限や違反した場合の罰則はありません。

参照：児童虐待防止法第12条

# Q54

## 接近禁止命令について教えてください。

**Answer**

虐待を受けた子どもについて、里親委託や児童福祉施設入所措置又は一時保護が行われ、虐待を行った保護者に対して、行政処分としての面会・通信の全部制限が行われ、子どもの保護のために必要があるときには、児童相談所長等が接近禁止命令を出すことができます。接近禁止命令が出されると、児童の身辺へのつきまとい又はその住居等の付近へのはいかいが禁止されます。

児童相談所長等が接近禁止命令を行うには、聴聞の機会を保護者に与えなければなりません。聴聞の場で、保護者の意見を聞いたうえで接近禁止命令が必要と判断した場合には、6か月を超えない期間で決定し、命令書を保護者に交付します。さらに必要がある場合には6か月を超えない期間で更新することができます。

接近禁止命令に違反した場合には、1年以下の懲役又は100万円以下の罰金に処せられます。接近禁止命令は、里親委託や施設入所又は一時保護が解除、面会・通信の全部制限が解除されると失効します。

つきまとい：保護者が子どもの行動にしつこく追随すること
はいかい：保護者が理由もなく子どもの住居など通常所在する場所（住所、居所、学校などのほか、通学路など子どもが日常生活や社会生活を営むために通常移動する経路の付近も含む）をうろつくこと

参照：児童虐待防止法第12条の4、第18条

# Q55

保護者への援助

## 保護者へはどのような援助をするのですか？

**Answer**

子どもの問題が、子どもへの援助だけで解決することは稀です。とくに児童虐待の場合には、保護者への援助を効果的に行うことが、子どもの援助に効を奏することになります。保護者への援助を行わずに児童虐待の改善や解決はありません。

虐待する保護者は、自ら行った虐待行為を正当化することもあります。「しつけ」であれば、子どもを叩く、殴るのもいいと思っている場合があります。

児童相談所では、保護者と人間関係を築き、相談援助活動を通して、保護者が虐待の事実と真摯に向き合い、自らの行為を認め反省し、二度と繰り返さないよう支援することに主眼を置きます。

児童福祉司や児童心理司等による指導、精神科医等の協力を得て、子どもや親など家族に対してカウンセリングを行う事業などにも取り組んでいます。状況に応じて、親子関係を再構築するためのプログラムの実施などの支援も行っています。

また、経済的な困難も含め、生活するうえでの様々な問題の解決には地元市区町村と児童相談所との連携が欠かせません。

さらに、虐待を受けている子どもの保護者に対する児童相談所による指導に対して、司法が関与できます。具体的には、里親委託・施設入所の措置の承認の申立てがあった場合に、家庭裁判所が都道府県等（児童相談所）に対して、保護者指導を勧告することができ、また、その指導結果を家庭裁判所に報告することになりました。家庭裁判所は、勧告した旨を保護者に通知することになっています。

参照：児童福祉法第28条

資料12：「保護者に対する指導への司法関与」の流れ

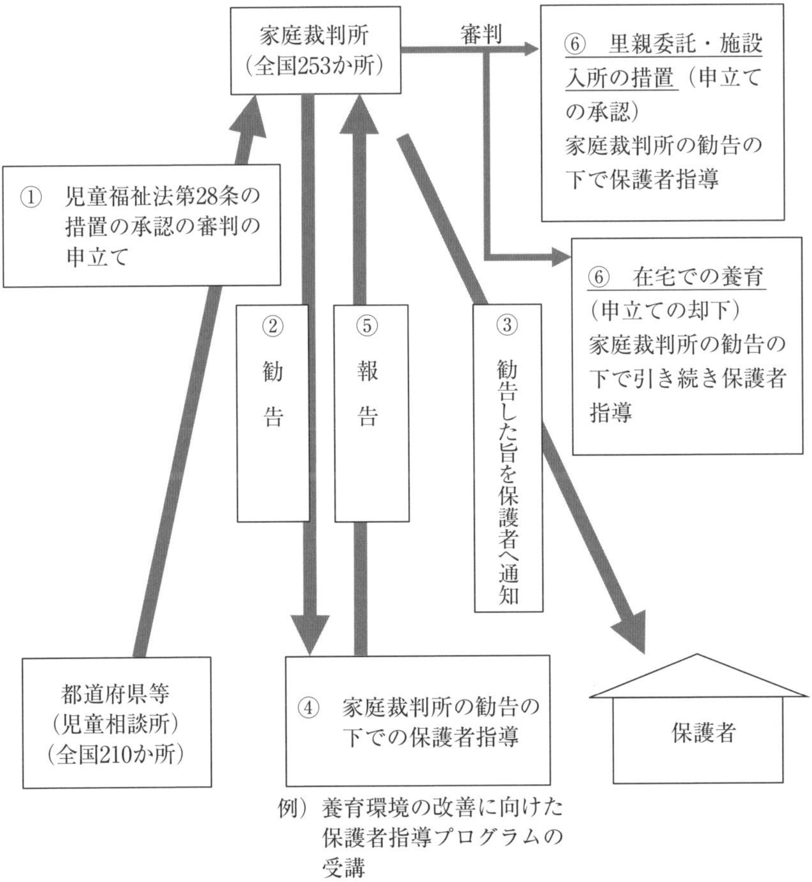


出典：全国児童福祉主管課長・児童相談所長会議資料2017（平成29）年

## きょうだいへはどのような援助をするのですか？

**Answer**

児童相談所の援助は世帯単位ではなく、子どもごとに行います。但し、児童虐待が行われている場合には、家庭内で多様な問題が複合的・連鎖的に起こり、構造的な問題となって発生していることが多いことに留意しなくてはなりません。そのため、家庭内に複数の子どもがいる場合には、一人の子どもに虐待が疑われる時には、他のきょうだいへの虐待について調査を行うことが必要になります。きょうだい一人ひとりについて、安全確認と調査に基づくアセスメントを行います。また、きょうだいに対して直接虐待が行われていなくても、家庭内で虐待の場面を目撃していたり、家庭内に虐待環境が存在することにより、心理的虐待を受けているおそれがあるからです。他のきょうだいの心理的外傷に対してのケアも必要になります。また、子どもが一時保護や施設入所等で家庭からの分離が行われた場合には、残されたきょうだいへの新たな虐待の発生や虐待のエスカレートが考えられます。十分な安全確認と、そうならないよう、親など保護者を指導する必要があります。

# Q57

## 措置期間中、どのように援助するのですか？

**Answer**

児童相談所の援助は、措置をすれば終わりという訳ではありません。そこからが、新たな援助活動の始まりでもあります。

在宅での児童福祉司指導の場合は、多くの場合、直接、継続的に関わる必要があります。しかし、施設や里親等へ措置した場合、子どもの援助・指導は施設等が直接行うことになりますが、児童相談所の援助が終わった訳ではありません。

児童相談所は子どもについて、そこで順調に生活できているか、何か問題を抱えていないかなどについて、連携・協力して子どもの様子を把握します。

児童相談所は、施設等から情報を得るだけではなく、子どもと直接面談することも必要です。また、施設等とともに支援計画を検討することも必要です。子どもが抱えている問題をどのように解決していくか、施設等と協力して指導することが大切です。

保護者についても同様に施設等と協力し合って、その過程で抱えている問題の解決のための支援をしていかなければなりません。子どもを預けたことで、当初はつらい気持ちがあっても、次第に心理的な距離感が生まれたり、子どもとの生活に自信が持てなかったりという理由で、預けっぱなしになる事例も多く見られます。そのような家族に対し、親子関係の修復や今後の生活の方向について検討するなど、ケースワークが必要になります。

援助の終結に向けて継続的な援助と、措置を解除してよいかどうかの見極めをしていかなければなりません。

参照：児童福祉法第30条の２

# Q58

## 援助終結に当たってどのような配慮が必要ですか？

**Answer**

児童相談所が、数回の助言指導や訓戒・誓約で子どもの相談が解決しない場合には、継続した援助を行います。援助を行った結果、当初の相談主訴が解決すると援助を終結しますが、終結に当たって、配慮しなければならないことがあります。

施設や里親等への措置の解除は、施設等から届け出る場合と、児童相談所長が職権により行う場合があります。いずれも子どもを保護している施設等が行った子どもへの支援や家族調整などの効果に関しての意見を十分聞くことが必要です。

また、児童福祉司指導等を解除する場合には、指導に当たった児童福祉司の意見を聴かなければなりません。

措置の解除について、子どもや保護者の意向と児童相談所の方針が異なる可能性がある場合には、子ども本人と面接を行い、子どもの意向や気持ちを十分に聴き取ったうえで保護者や施設等と調整を図ることが必要です。

こうした調整を行っても、措置の解除について両者が一致しないときには、都道府県児童福祉審議会の意見を聞かなければなりません。

# Q59

## 措置解除後はどのような支援体制が必要ですか？

**Answer**

児童相談所が入所措置等を解除する場合に、虐待を主訴とした場合には、施設退所後少なくとも半年間は、児童福祉司指導措置等による援助を継続することになります。その間は、市区町村や施設等の関係機関、子どもの所属機関と連携し、家庭訪問するなど、定期的に子供の安全確認や保護者への相談・支援を行います。子どもの施設入所中に行われた保護者援助によって児童虐待のリスクが減少し、家庭復帰ができても、再び親子が一緒に生活することで、虐待のリスクが高まることもあり、新たな生活に対応できる援助体制が必要です。

児童相談所は、在宅での生活援助を行い、一定期間、その家庭の生活状況が良好であれば、児童福祉司指導措置等を解除し、その後の対応を市区町村に引き継ぎます。

さらに、市区町村が支援を展開した後に、相談支援を終結する場合には、所属機関等に終結することを報告し、再び児童虐待や子どもの養育が困難になったときに、速やかに市区町村や児童相談所が対応できるようにしておく必要があります。この場合には、市区町村の要保護児童対策地域協議会を活用し、福祉援助に必要な範囲で情報共有を行うとともに、それぞれの機関の役割を確認しておかなくてはなりません。

また、虐待以外の理由により施設入所した場合も、退所前後に関係機関で情報共有を行い、地域における援助が行われるようにします。

# ⑥
# 会　議

# Q60 児童相談所の会議の意味

## 児童相談所が相談・援助を進める上で会議はどのような意味がありますか？

**Answer**

児童相談所の相談は個人で対応しているわけではありません。組織として取り組んでいます。すべての相談事例について、援助の過程のそれぞれの節目で、組織として、子どもの福祉のためにどう取り組むべきかを所全体で検討します。

まず相談があった時に、児童相談所が応じるべき問題か、誰がどのように取り組むかを検討する受理会議を行います。それぞれの担当者が調査や診断を行ったのち、担当者が集まって総合診断・判定会議を行い、援助方針案を作成します。それをもとに援助方針会議を行い、所としてその子どもの援助方法について検討します。そして、その援助方針案を児童相談所長が決定し、子どもへの援助を開始します。

援助の経過の中で、援助方法や施設の変更、児童福祉審議会への諮問、家庭裁判所への申立て、さらに援助の中断や終結する時なども援助方針会議で協議します。

協議結果については議事録を作成し、決裁の上保管しなければなりません。

なお、受理会議や援助方針会議は、通常は週に１回程度で定期的に行われていますが、児童虐待の事例等、子どもの命に関わるような緊急性のある場合には、相談受理後速やかに緊急受理会議を行い、誰がどのように取り組むかを協議します。

# Q61 受理会議とは何ですか？

**Answer**

受理会議とは児童相談所では相談があったときに、相談の受付自体は幅広く行いますが、その内容により、児童相談所が応じるべき問題か、また、誰がどのように取り組むか、を検討する会議です。そのうえで、面接や調査を行いますが、通常、受理会議は週１回程度定例的に行うので、多くの場合、児童福祉司は先行して調査などを開始します。

受理会議は所長をはじめ、児童福祉司、児童心理司、受付相談員、事務職員、一時保護所職員等が参加して行います。

ケースに関する提案は児童福祉司や受付相談員が行い、それまでの経過を報告したうえで、今後どのように取り組もうとしているか、一時保護や心理診断、医学診断の必要性などについて提案し、全体で協議します。

結論は受理会議記録として決裁の上、保管します。

# Q62

## 緊急受理会議とは何ですか？

**Answer**

受理会議は、通常週１回程度定期的に行われますが、緊急対応が必要な事例では、緊急に、臨時の受理会議を行います。これを緊急受理会議といいます。特に虐待の事例については、子どもの安全に関わる問題であり、また受理後48時間以内に安全確認を行うことから、緊急に対応しなければなりません。そのため早急に受理会議を行うことが必要とされています。

具体的には、虐待の通告を受けると、児童相談所内で、職員を直ちに招集し、安全確認の方法、子どもや保護者への対応方法、関係者への聞き取り等、初動体制の取組み方法や、誰が何をするかなど担当者について協議します。

そのうえで、直ちに調査や援助対応の行動に移ります。

その後、直近に開かれる定例の受理会議で、その間の調査内容やアセスメントの結果を報告し、今後の取組み方法を検討します。

参照：児童虐待防止法第８条

## 判定会議とは何ですか？

**Answer**

判定会議とは、社会診断、心理診断、医学診断、行動診断、その他の診断を行った各担当者が集まって、協議し、総合的な診断をする会議をいいます。

総合的な診断では、児童及びその家族の抱えている問題点や、問題の背景を明らかにし、それらの解決や軽減のためにどのような方法があるのか、どのように援助すべきかなどを検討します。子どもや家族の問題解決能力、支援体制、緊急対応の必要性など、援助の質の検討も行い、援助方針案を作成します。

判定会議で作成した援助方針案は援助方針会議に提案し、援助方針を検討します。

# Q64



## 援助方針会議とは何ですか？

**Answer**

児童相談所として、相談のあった子どもに、どのような援助をするのか検討する会議です。原則として週１回定期的に、所長以下、各部門の長、事例を担当した職員、および記録を担当する職員の出席のもとに行います。

進め方としては担当児童福祉司が相談事例の概要を報告し、また各診断担当者が見解を報告、さらに総合診断の結果を報告し、援助方針案を提案するという形で行います。

その提案内容について参加者全員で検討し、児童相談所としての援助方針を決定します。

所としての援助活動はそこから始まりますが、援助していく中で、方針の変更をする必要性がある場合や、援助を中断するとき、援助期間を延長するとき、援助を終了するときなど、節目ごとに援助方針会議にかけ、検討します。

また、援助方針が子ども本人や保護者と意向が異なるような場合には、児童福祉審議会への意見聴取や、家庭裁判所への申立てなどについても検討します。

会議の内容は議事録として残し、さらに決定事項は個々の児童票にも記録し、所長決裁のうえ保管します。

# 第4章
# 子どもへの関わり

# Q65

## 児童相談所が対象とする子どもの範囲を教えてください。

**Answer**

児童福祉法では児童は０歳から18歳未満と規定されています。胎児や18歳の誕生日を迎えた人は対象とはなりません。しかし、18歳未満で一時保護された子どもが18歳を超えた場合や、里親委託中、あるいは児童福祉施設で生活している高校３年生の子どもの場合、多くの子どもが学年途中で18歳になりますが、そのような場合は延長が認められています（延長者）。18歳に達する前に申立てた施設入所、親権停止や親権喪失、未成年後見人の選任・解任など、審判が確定していない場合や、児童自立生活援助が必要な子どもについても援助の対象となります。

児童自立生活援助については、20歳未満まで、大学等に在籍している場合には22歳の年度末まで受けることができます。これは18歳以降も社会的自立の促進を図るため、仕事や、日常生活上の相談等の支援をするものです。最近は虐待を受けるなどきめ細かな手厚い支援を要する子どもが増えています。このような子どもが児童福祉施設を退所後直ちに、社会的に自立することが難しいこともあり、このような支援を行うようになりました。

なお、罪を犯した14歳以上の子どもは、家庭裁判所が受理機関になりますので、18歳未満であっても児童相談所の対象にはなりません。しかし、家庭裁判所が子どもの福祉にとって、児童相談所が担当する方が良いと判断し、児童相談所に送致された場合には児童相談所が担当することになります。

参照：児童福祉法第４条第１項、第25条第１項、第31条第４項、第33条第８～10項

## 子どもは、どんな気持ちで児童相談所に来るのですか？

**Answer**

相談の多くは保護者や関係者から持ち込まれます。困っていることの相談も家族からが中心になりがちで、子ども本人からの相談は少ないです。

したがって、子どもにとって、なぜ児童相談所に来たのか分からない場合も多く、自分が当事者であるとの意識が無かったり、連れてこられたことに納得していないため、親や、児童相談所に対し反発し、敵対意識が見られる場合もあります。

また、虐待事例の場合、つらい気持ちはありながら、本心が言えない、言ってはいけないと思い込んでいる場合もあります。

そして、児童相談所の職員が本当に自分の味方かわからない不安感から、様々な試し行動を見せたりもします。

そのような気持ちを大事にしつつ、相談に至ったことに対する気持ち、今後どのようにしたいのかなどを、丁寧に聴く必要があります。子どもの最善の利益を大事にすることは、子どもの意見、考えを聞く機会を保障し、援助に当たっては子どもの意向に配慮しなければならないということです。

# Q67



## 子どもの気持ちを聴く際、どのようなことに配慮する必要がありますか？

### Answer

児童相談所への相談は、多くの場合、子どもの意思によるものではありません。親や先生など大人に伴われて児童相談所に来る場合がほとんどです。そのため、そこで何をされるのか不安に思い、緊張もしています。

知らない人に様々なことをきかれ、時にはつらいことや、言いたくないこと、後悔していることなどを尋ねられます。そのようなことを話すには、相手に対して信頼感がなければ不可能です。したがって、子どもから本当の気持ちなどの話を聴くには子どもとの信頼関係を作ることが必要です。まず緊張感を解く、自己紹介をする、あなたの味方であること、言いたくないことは言わなくてもよいこと、秘密は守ることなどを約束する、というように、安心して話ができる状況を作り、その上でしっかり子どもの話を聴くことが必要です。

# Q68

担当者

## 誰が子どもの担当をするのですか？

**Answer**

一人の子どもに対し、児童福祉司、児童心理司、医師、そして一時保護所を利用すれば保育士又は児童指導員がそれぞれ担当者になります。

児童福祉司は担当地域が決まっている場合には、子どもの住所の地域担当が担当者になりますが、児童相談所によっては同じ地域を複数の児童福祉司が担当したり、相談の事項別に担当したりしています。

援助は全事例をフルメンバーで行うわけではありませんが、原則はこれらの職員のチームで行います。また場合によっては、地域の関係者、機関とチームを組むこともあります。相談の内容によっては、児童福祉司だけが対応する場合もありますが、それが適切であるかどうかは受理会議や援助方針会議で検討します。

また、児童福祉司指導や継続指導などで定期的に通所指導を行う場合には、子どもの担当は児童心理司、保護者の担当は児童福祉司、という形でチーム内で役割分担して面接指導を行うこともあります。

# 第5章
# 親への関わり

# Q69 児童相談所の権限で親子分離するにはどのような方法がありますか？

Answer

児童相談所の権限で親子分離する方法は以下のようになります。

① 一時保護

一時保護は緊急時や、アセスメントが必要な場合に行います。子どもと保護者の同意を得て行うことが望ましいです。しかし、虐待等があり子どもを緊急に保護者から分離する必要がある場合は、児童相談所長は職権で、保護者や子どもの意思に反しても、子どもを一時保護や一時保護委託をすることができます。

一時保護の期間は開始した日から２か月と定められていますが、必要に応じて延長も可能です。

② 里親委託

保護者による養育が不十分だったり、養育を受けることが望めない子どもが家庭と同様の養育環境で養育されるよう、里親に委託する方法があります。

里親委託には子ども及び保護者の同意が必要です。子ども、あるいは保護者の意に反している場合は都道府県児童福祉審議会の意見を聴かなければなりません。また親権者や未成年後見人から同意が得られず、児童虐待等、家庭での養育が不適当な場合は家庭裁判所に申立て、承認を得なければなりません。

③ 児童福祉施設入所

家庭での養育が困難な場合に里親委託を検討しますが、それが難しいときには児童福祉施設の入所を検討します。入所には、児童本人や保護者の同意が必要です。子ども、あるいは保護者の意に反している場合、都道府県児童福祉審議会に意見を聴かなければなりません。さらに、親権者や未成年後見人から同意が得られず児童虐待等、家庭での養育が不適当な場合は家庭裁判所に申立て、承認を得なければなりません。

なお、②③で家庭裁判所の承認後の措置期間は、措置を開始した日から２年が限度です。さらに措置の更新が必要な場合には家庭裁判所の承認を得る必要があります。

参照：児童福祉法第27条第１項３号、第27条第６項、第28条第１項・第２項、第33条

# Q70

法的根拠と
児童相談所長の役割

## 親権者から子どもを守る法的根拠と児童相談所長の役割について教えてください。

**Answer**

児童虐待がある場合などは、子どもを親から引き離して保護しますが、身体を保護するだけでは子どもを守れない場合があります。

民法には、親子間の特別な関係について、「親権」という規定がありますが、親権の行使が困難又は不適当であり、あるいは親権者による虐待や悪意の遺棄があり、子どもの利益を著しく害するときには、児童福祉法に基づく一定の手続きを経て、家庭裁判所は親権停止、親権喪失、管理権喪失の審判をすることができます。審判を請求できるのは、子の親族、未成年後見人、未成年後見監督人、検察官のほか、児童相談所長も行えます。

なお親権者がない場合、必要があれば、児童相談所長は未成年後見人、未成年後見監督人の選任・解任の申立てができます。

親権喪失は、全面的に親権を剥奪する大変重い処分であるため、実際にはほとんど活用されていませんでした。このような問題を解決し、虐待する保護者から子どもを守るために、より現状に即した制度が求められていました。それが、2011（平成23）年に導入された期間を２年以内に限っての「親権停止」制度です。

なお、一定期間経過後に、親権者の対応に改善がなく、引き続き親権を制限する必要がある場合は、親権停止の審判を請求できます。

参照：民法第834条、第834条の２、第835条、第839条、第840条
児童福祉法第33条の７、第33条の８、第33条の９

補充カード

定価2,420円(10%税込)

書店名

発行 ぎょうせい

冊

すぐ役に立つ！
児童相談所のしごとQ&A

編著 児童虐待問題研究会

定価（本体2,200円+税）

[5108650-00-000]

ISBN978-4-324-10895-6
C3036 ¥2200E

9784324108956

売上カ

すぐ役

児童

Column 3

## 親　権

親子間の特別な関係について、民法に「親権」という規定があり、成年に達しない子は親権に服さなければなりません。親権というと親の権利のように思う人がいますが、そうではありません。親権とは、子どもの利益のために監護及び教育すること、どこに住むかを指定すること、財産を管理しあるいはその財産に関してその子を代表する権利と義務をいいます。また、子の利益のために行う範囲内で懲戒することができると規定されていますが、懲戒権の在り方については2022（令和４）年３月末を目途に検討し、必要があれば改正することになっています。

「親にとっては、子どもはいくつになっても子ども」ですが、民法上の子どもとは未成年者をいい、民法改正に伴い、2022（令和４）年４月１日からは現在の20歳未満から、18歳未満に引き下げられます。

親権者は、両親が結婚している間は両親です。両親が離婚した場合は、離婚時に両親のどちらかを親権者に定めなくてはなりません。父が認知した子に対する親権は、両親の協議で父を親権者と定めた場合に限り父が行います。親権者がいなくなった場合には、必要があれば、未成年後見人、未成年後見監督人を選任します。

なお親権者と監護権者を法律上は分離することができますが、例外的な事例といえます。監護権は親権の一部であり、子どもの利益を考えると、混乱を招くからです。

参照：民法第４条、第818条、第820～824条、第834条、第834条の２、第835条

# Q71 相談に来た保護者には、どのように接することが大切ですか？

**Answer**

児童相談所は子どもの福祉を守る専門の行政機関です。児童相談所に来る保護者は、養育が十分にできなくて困っている人、子どもの問題行動に困っている人、子どもに触法行為などがあり、警察からの連絡で児童相談所に呼び出された人、子どもへの虐待があり、児童相談所から呼び出された人など様々です。子育てに困っている自分を助けてほしいという気持ちで相談に来る人もいれば、不本意な気持ちで児童相談所に来る人もいます。

周囲の人に不信感や負い目を持っている人、自分の問題を公的機関に相談することに抵抗感や、さらに敵意に近い感情を持っている人もいます。自分の抱えている問題に戸惑い、気持ちの整理がつかないまま、きちんと自分の状況を説明できない場合もあります。児童相談所ではどんな人が相談に乗ってくれるのだろうか、果たして自分の抱えている問題について、きちんと受け止めてくれるのだろうか、と不安感を抱いている人も少なくありません。

そのため、不安や緊張の緩和・解消につながる、相談しやすい雰囲気を作ることが大事になります。

そこで、まず担当者として自己紹介し、児童相談所が何をするところか、何のために面談しているのかを説明します。そして、抱えている問題や相談内容については秘密を守ることを伝え、相手の話に耳を傾けます。そうすることで、親は相談相手となってくれるかどうかを見極め、信頼関係を結ぶことができるかどうかを判断します。

# Q72

児童相談所に対する
保護者の意識

## 保護者は児童相談所をどのように見ていますか？

**Answer**

以前は、児童相談所は養育が十分できない家庭に対し、代わりに子どもを養育する場を提供してくれる存在でした。また、子育てに困っている保護者に対する応援団とも受け止められていました。

今は、価値観、生活感覚が多様になってきています。児童相談所の対応については、様々な要求や批判もあり、必ずしも応援団としては受け止められなくなってきています。

とくに児童虐待の場合、虐待を認めない保護者は、家族関係に介入し、子どもを保護し、親子分離を図ろうとする児童相談所の取り組みを忌避したくなります。極端に言えば、敵対関係になるといっても過言ではない状態になりがちです。

2020（令和２）年の児童福祉法の改正で、今後は、介入的対応と保護者支援を行う担当職員を分けることになりますので、児童相談所に対する意識も変化することが考えられます。しかし、そのような意識に翻弄されながらも、児童相談所は「子どもの最善の利益」を守るためにきちんと対応することが求められます。

# Q73

## 保護者に対しては、どのような支援が必要ですか？

**Answer**

相談に来る保護者は子どもの問題に困って助けを求める場合が多いのですが、多くはその子どもに限った問題としてとらえ、家族全体の問題としては考えていません。

とくに虐待事例の場合、保護者は、家族や自分自身にも問題があると捉えることは大変難しくなります。

子どもの抱えている問題は、背景に家族間の問題が潜んでいる場合が多いのです。児童相談所との関わりの中でそのようなことに気づいてもらうことが必要です。そのためには、家族の問題だと突きつけるのではなく、保護者の話に耳を傾け、その中で、実は家族の問題だと気づいてもらうことが大切です。また、家族の中で様々な問題を抱えている人は、どうしたら良いか不安で、気持ちの整理がつかず、混乱状態に陥っている場合があります。そのような保護者に対しては、精神的な支えが必要になる場合があります。

「児童相談所はあなたの家族の味方です。」、「一緒に問題を解決しましょう。」というメッセージを送る必要があります。

子どもを直接支援するだけでなく、保護者に対しては、定期的な面談、家庭訪問など、継続的な関わりを持つことも必要になります。

参照：児童福祉法第６条

# 第６章
# 主な関係者・関係機関との連携

# Q74

## 国、都道府県、市区町村の役割はどのように分担されていますか？

**Answer**

2016（平成28）年の児童福祉法の改正により、理念規定の改正や、子どもの権利が明記され、国、都道府県、市区町村の役割と責任が明確化されました。

法第3条の2において、国及び地方公共団体は、児童が家庭において心身ともに健やかに養育されるよう、児童の保護者を支援しなければならないこと、家庭における養育が適当でない場合には、児童が家庭における養育環境と同様の養育環境において継続的に養育されるよう、必要な措置を講じなければならないこととされています。

そして、法第3条の3において、国及び地方公共団体の役割と責任を明確にしています。

① 市区町村は、基礎的な地方公共団体として、身近な場所における支援業務を適切に行う。

市区町村は、妊娠期から子育て期にわたる切れ目のない支援を求められています。

② 都道府県は、市区町村の業務が適正かつ円滑に行われるよう、市区町村に対する必要な助言や適切な援助を行うとともに、専門的な知識・技術や広域的な対応が必要な業務を適切に行う。

児童相談所は、専門的な機関として児童虐待への介入機能を担い、子どもの安全確認や確保を求められています。

③ 国は、市区町村・都道府県の業務が適切かつ円滑に行われるよう、児童が適切に養育される体制の確保に関する施策、市区町村・都道府県に対する助言、情報提供等の必要な各般の措置を講じる。

# Q75

個人情報の共有

## 個人情報の共有はどのように行われていますか？

**Answer**

個人情報の取り扱いについては、個人情報の保護に関する法律や各自治体の条例により、多くの場合、本人の同意を得ない限り、①あらかじめ特定された利用目的の達成に必要な範囲を超えて個人情報を取り扱ってはならないこと、②第三者に個人データを提供してはならないことと規定されています。しかしながら、「法令に基づく場合」は、これらの規定が適用されず、個人情報の提供が可能です。

子どもや家庭をめぐる問題は複雑・多様化しており、問題が深刻化する前の早期発見・早期対応、子どもや家庭に対するきめ細かな支援が重要となっています。そのためには、児童相談所のもつ機能等のほか、市区町村をはじめとする様々な分野の機関とも連携を図るとともに、各機関とのネットワークを構築して、活用を図ることが必要です。

例えば、児童虐待防止法では、関係機関から児童相談所等への情報提供については、地方公共団体の機関に加え、病院、診療所、児童福祉施設、学校その他子どもの医療、福祉又は教育に関する機関や、そこに関連する職務に従事する者も児童虐待の防止等に関する資料又は情報の提供を求められた時は、提供することができます。

一方で、2019（令和元）年の法改正では、正当な理由なく虐待を受けたと思われる児童に関する秘密を漏らしてはならないと、明記されました。

要保護児童の適切な保護を図るため、要保護児童対策地域協議会では、必要な範囲で個人情報の共有を図ることができることとされる一方で、参加機関や参加者に罰則のある守秘義務が課せられています。

参照：児童虐待防止法第５条第１項、第３項

# Q76 地域の関係者・関係機関とどのように連携しますか？

**Answer**

児童相談所が援助を行うとき地域関係者や関係機関との日頃からの連携は不可欠です。

子どもや家庭をめぐる問題は複雑で多様化しているため、きめ細やかな援助が必要となっています。種々の分野と連携を図ると共に、各機関とのネットワークを構築し、その活用を図らなくてはなりません。

そのためには、それぞれの機関の役割や関連制度、現実的に実施可能な援助内容を理解することが大切で、各機関の相互理解に基づく一体的な連携が重要となります。

とくに、連携の不備が許されない児童虐待対応の場合には、関係機関が一堂に集まって情報交換を行うとともに、共通の認識に立ってそれぞれの役割分担を協議・確認・実施していきます。

また、施設入所等を行った場合には、施設や里親宅の所在地にある関係機関との日常的な連携を確保するとともに、家庭復帰に向けて保護者の居住地の関係機関との連携を図ることが大事です。

さらに要保護児童対策地域協議会の活用などにより地域との連携を積極的に進めることが重要です。

**連携する関係機関の例**

市区町村子ども家庭総合支援拠点、福祉事務所、
知的障害者更生相談所、身体障害者更生相談所、
障害児・者相談支援事業所、障害児通所支援事業所、
発達障害者支援センター、児童福祉施設、里親、
民生委員・児童委員（主任児童委員）、
児童家庭支援センター、保健所、
婦人相談所、配偶者暴力（DV）相談支援センター、
社会福祉協議会、
市区町村保健センター、精神保健福祉センター、医療機関、学校、
教育委員会、警察、法務局、人権擁護委員、各種民間団体　等
公共職業安定所等

Q77



## 親族や近隣との関係はどのようにすればいいですか？

**Answer**

児童虐待を例に見ると、児童相談所に寄せられる虐待相談の主な経路は、警察等が一番多いのですが、次いで近隣、知人、家族・親族等となっています。

核家族化が進展する中で、子育て家庭が社会的に孤立しないためにも、近隣や知人との関係は大切です。児童虐待に対する世間の関心の高まりとともに、子どもの泣き声や子どもを叱る声を聞いた近隣の方が虐待ではないかと心配して、虐待通告してくることもあります。もちろん中には、児童虐待が行われており大切な情報提供となる一方で、赤ちゃんの泣き声が聞こえただけであり、児童虐待でない場合もあります。

近隣、知人は、子育て家庭の見守りや、身近な日常生活における情報の提供を期待できる場合もあります。

家族や親族からの相談は、家族・親族としての立場や心情を受け止めながら傾聴します。保護者との関係では、家族や親族の争いが原因の場合もあるので、相談の真意を理解する必要があります。一方で、家族や親族から得られる子育て家庭に関わる様々な情報も、支援を検討する場合の貴重な手がかりとなりえます。

当事者からの相談ではなくても、しっかりと耳を傾け、問題の把握に努めなければなりません。

また、親族や近隣、知人が子育て家庭の相談相手となるような関係が築ける場合には、援助者として、在宅での支援に関わってもらうことも期待できるので、見極めが大切です。

# Q78



## 要保護児童対策地域協議会とはどのように連携していますか？

**Answer**

要保護児童対策地域協議会（以下「要対協」という。）は、児童福祉法第25条の２の規定で、地方公共団体の設置が努力義務とされている協議会です。市区町村単位では、2017（平成29）年４月１日現在99.4%の自治体において同協議会が設置されています。(厚生労働省調べ)

要保護児童の適切な保護又は要支援児童若しくは特定妊婦への適切な支援を図ることを目的に、関係機関、関係団体及び児童の福祉に関連する職務に従事する者その他の関係者により構成されています。まさに、子どもを守る地域ネットワークです。

協議会の構成員には守秘義務が課せられているとともに、関係機関等に対しては情報の提供等の必要な協力を求めることができます。

児童相談所は、構成員であるとともに児童家庭相談への対応について、市区町村とともに中核的な役割を担っており、協議会の設置や運営を支援するなど、積極的に取組むことが求められています。関係機関の機能や仕組み、関連制度等について的確に把握するとともに、児童相談所の機能や仕組みについても関係機関の理解を求めるなど、相互理解に基づく一体的な連携が必要です。

協議会では、個別ケースの検討にあたって個別ケース検討会議を開催し、協議会の構成員である関係機関等の間で積極的な情報共有を行い、要保護児童等に対する具体的な支援の内容や関係機関における役割分担等を検討することが期待されています。

また、構成機関の代表者による代表者会議、実務責任者による実務者会議によって、機関相互の連携を確保しています。

参照：児童福祉法第25条の３、第25条の５

# Q79

## 福祉事務所とはどのように連携していますか？

**Answer**

福祉事務所は社会福祉法に基づく、福祉の総合相談窓口として、都道府県や区・市に設置が義務づけられています（町村は任意設置）。

生活保護法、児童福祉法、母子及び父子並びに寡婦福祉法、老人福祉法、身体障害者福祉法及び知的障害者福祉法（福祉六法）に定める援護、育成、又は更生の措置に関する事務を所管します。

児童家庭相談に応じることは、市区町村の業務と位置づけられていますが、福祉事務所は、区・市における児童家庭相談体制の一翼を担っており、児童家庭福祉の充実・強化を図るために、家庭児童相談室が福祉事務所内に設置されています。知的障害者福祉司や社会福祉主事の指導なども実施されます。児童福祉法に規定する妊産婦への入院助産の実施や施設入所による母子保護の実施なども行います。

児童相談所は、自らの措置機能とともに、在宅での家庭福祉サービスについては、福祉事務所のこれらの機能を十分に活用して、子どもの問題の解決を図っていくことになります。

また福祉事務所からは、要保護児童等の通告や相談に応じた児童について、医学的判定や心理的判定、その他の専門的な判定を要する場合は、児童相談所に送致されます。

このように、福祉事務所との連携はきめ細かな支援の上でも大切です。

参照：社会福祉法第14条

## 保健センターとはどのように連携していますか？

**Answer**

市区町村に設置されている地域保健活動の拠点で、住民の身近な保健サービスを提供しているのが保健センターです。

住民に対し、健康相談、保健指導及び健康診査などを実施しています。

児童虐待の問題が年々増加し、社会的関心が大きくなる中で、児童福祉法の改正とともに、2016（平成28）年に母子保健法が改正され、「国及び地方公共団体は、母性並びに乳児及び幼児の健康の保持及び増進に関する施策を講ずるに当たっては、当該施策が乳児及び幼児に対する虐待の予防及び早期発見に資するものであることに留意すること」と、明記されました。

保健センターが、保健サービス提供の際に、福祉的視点もあわせて住民対応をすることにより、子育て家庭の様々な課題が見えてくる場合もあります。

児童相談所は、児童相談所の機能や仕組みについて保健センターに理解してもらい、連携を図ることで問題が深刻化する前の早期発見、早期対応ができる体制強化につながります。

参照：地域保健法第18条、母子健康法第５条第２項

# Q81 児童委員（民生委員）・主任児童委員とはどのように連携していますか？

## Answer

児童委員は児童福祉法第16条により、市区町村の地域に置くこととされ、民生委員が児童委員に充てられています。児童委員は、担当する地域の児童及び保護者等について、その生活や環境を適切に把握し、保健、福祉などに関する情報提供や、必要な援助、指導、また子どもの健全育成のための活動などを行っています。主任児童委員は、児童委員のなかから厚生労働大臣により指名され、児童福祉に関する事項を専門に担当します。児童福祉関係機関と区域担当児童委員との連絡・調整や、児童委員に対する援助・協力等を行う児童委員です。児童相談所は、主任児童委員と常に連携を図り、巡回相談、啓発等に協力を求めることとしています。

1　児童委員は

自ら要保護児童を発見した場合又は住民から要保護児童の通告を受けた場合、速かに児童相談所に通告することとされています。

2　児童相談所は

(1)　通告を受けた事例に対する判定のための調査の依頼や保護を要する子どもの家庭、地域の調査などの依頼

(2)　問題がある家庭環境等にあり、児童委員による家庭内の人間関係の調整等で解決すると考える事例に対する児童委員指導措置

(3)　虐待など児童相談所だけでは対応に限界がある場合、児童委員指導と児童福祉司指導を合わせ連携し指導などを行います。

(4)　保護の必要な子どもを児童委員が発見し、又は児童委員に住民から連絡があった場合、速やかに通告が行われるよう、また緊急時に子どもの状況等通知された場合に備え、体制を整えておきます。

① 児童相談所は、児童委員から通告を受けた事例に対する判定のための調査の依頼や保護を要する子どもの家庭、地域の調査など行います。

② 児童相談所長は、問題がある家庭環境等にあり、児童委員による家庭間の人間関係の調整等で解決すると考える事例に対しては児童委員指導措置を行います。虐待等児童相談所だけでは限界がある場合、児童委員指導と児童福祉司指導を合わせて行います。

参照：児童福祉法第17条、第18条第２項・第３項

# Q82



## 里親・児童福祉施設等とは、どのように連携していますか？

**Answer**

児童相談所は、保護者の下に置くことが子どもの福祉を損なうと判断した場合、家庭的養育を行う里親等（小規模住居型養育事業を含む。）への委託又は児童福祉施設等*に措置することができます。

里親等委託又は児童福祉施設等に対する措置は児童相談所の主要業務の一つであり、子どもの適切な養育を実現するため、措置中も里親、施設等と十分連携を図りながら、子ども及びその家庭環境の状況等を継続的に把握し、指導援助を行います。

1　里親等へ措置された子どもの自立支援計画は児童相談所が行い、児童福祉施設に措置した子どもの自立支援計画は、児童福祉施設が行います。援助指針（援助方針）または自立支援計画を策定する際には、里親等や施設等と十分な協議を行います。

2　自立支援計画には、子どもの発達や心理的状況等に応じて、子どもの傷つきからの回復をも図る内容を盛り込み、児童相談所と協力の上、一定の期間（3～4か月）ごとに見直しを行います。

3　個々の措置を適切に行うためには、里親等や児童福祉施設等の状況を十分把握しておく必要があるので、里親等や施設長と連絡会議を適宜開催し、相互理解を深めておきます。

4　措置後は、子どもの経過を把握するため、年2回程度里親や施設長から養育状況について報告を取り、定期訪問や合同会議の開催により、十分な連携を図ります。

5　児童相談所は、措置を行う場合及び措置の解除、停止、変更、在所期間の延長を行う場合のほか、退所後の援助方法についても里親等又は児童福祉施設等と連携を図ります。

＊入所児童福祉施設

乳児院　児童養護施設　障害児入所施設　児童心理治療施設　児童自立支援施設

参照：児童福祉法第６条の４、第７条、第48条の３

# Q83 児童家庭支援センターとの連携

## 児童家庭支援センターとはどのように連携していますか？

**Answer**

児童家庭支援センターは、児童相談所や市町村その他の関係機関と連携しつつ、地域により密着したきめ細かな相談支援を行う児童福祉施設です。市町村地域の子どもの福祉に関する専門的知識や技術を要する問題に対する相談、助言を行うとともに、市町村の求めに応じ、技術的助言その他必要な援助を行います。

児童相談所は、施設に入所する必要はないが、保護の必要性のある児童や、施設を退所後間もない児童など、引き続き指導が必要な児童及びその家庭について、指導措置を委託し、委託後も、児童家庭支援センターの指導について必要な指導、助言等を行います。

また、児童相談所は児童家庭支援センターに対する技術的支援に努めるとともに、児童家庭支援センターが、市町村、福祉事務所、要保護児童対策地域協議会、教育委員会等関係機関との連絡・調整等にあたり、支援、協力します。

児童家庭支援センターは、24時間・365日体制で相談業務を行っているので、夜間や休日にも対応できます。

# Q84

## 保育所等とはどのように連携していますか？

**Answer**

保育所や幼保連携型認定子ども園（以下、「保育所等」という）では、保育を行うとともに子どもの健全育成に寄与することになりますが、登園時や保育活動中などあらゆる機会に児童虐待の予防や早期発見が可能なので、児童相談所は、日頃から連携を密にし、早期に通告がされるよう体制を整えておくことが重要です。

1　保育所等から通告又は相談を受けた場合、役割分担を明確にし、児童相談所や業務の流れについて、保護者に説明し、児童相談所の調査に協力するよう保育所等の協力を求めます。

2　保育所等に入所中の子どもに虐待などが疑われる場合は、保育所等に対し、必要な指導・助言を行い連携して支援します。

3　保育所等は、入所する児童を選考する場合には、児童虐待の防止に寄与するため、特別な支援が必要な家庭の福祉に配慮しなければなりません。

児童相談所長は、要保護児童の通告を受けた子どものうち、保育所入所が適当な場合、その旨を市区町村長に通知し、その後も連携し、子どもの状況を把握するようにします。

なお、保育所等が、児童虐待防止のために通告を行ったり、児童相談所や市区町村の児童虐待の調査に協力をするため、知りえた情報を提供することは、法により認められています。

参照：児童虐待防止法第13条の３、児童福祉法第26条第１項５号

# Q85

## 学校、教育委員会とはどのように連携していますか？

**Answer**

1　学校との関係

(1)　児童相談所は、日頃から学校との連携を密にし、要保護児童について学校から通告があった場合、役割分担を明確にします。学校を通じて保護者や子どもに児童相談所への相談を勧めるときには、あらかじめ学校に、保護者や子どもに児童相談所の機能や業務の流れについて十分説明しておいてもらうよう協力を求めます。

(2)　非行、不登校の行動を有する子どもについては、学校との会議等を行い、一貫した援助を行う体制を整えておきます。特に不登校の子どもについては、学校として組織的に対応し、子どもの家庭状況を把握します。状況把握が困難な場合などでネグレクトなどの児童虐待が疑われるときは、児童相談所等の協力を得て行います。児童相談所は十分に連携を図り対応します。

(3)　虐待ケースとして児童相談所が管理する子どもについては、定期的に学校から子どもの出欠状況等の情報提供を受けて、状況を把握し、対応方針を確認します。

2　教育委員会との関係

(1)　里親委託、児童養護施設等への入所に伴い転校が必要となる子どもの手続きについて、速やかに行われるよう協力を求めます。また学齢児童の入所措置に当たっては、その子どもが、適切な教育を受けられるよう連携を図ります。

3　資料又は情報の提供

(1)　児童相談所や市区町村から児童虐待防止等に関する資料又は情報の提供を求められたときは、提供することができます。これにより、児童相談所等に学校が知りえた情報を保護者の同意を得ないで、提供することは、個人情報保護法違反になりません。

(2)　学校、教育委員会の職員は、正当な事由なく、その職務上知りえた児童虐待を受けたと思われる児童に関する秘密を漏らしてはなりません。

参照：児童虐待防止法第５条第３項、第13条の４

# Q86

## 警察とはどのように連携していますか？

**Answer**

児童相談所と警察とは、児童虐待に限らず、次の事項について日頃から関係を持っています。

1　触法少年（14歳未満）の送致
2　触法少年及びぐ犯少年の通告
3　棄児、迷子、虐待を受けた子どもなど警察で発見した要保護児童の通告
4　一時保護に関すること
5　少年補導
6　非行防止活動など

警察は法律上は、要保護児童について、市区町村、福祉事務所及び児童相談所のいずれにも通告を行えますが、警察庁規則で児童相談所にのみ通告することにしています。

警察は夜間の緊急事態にも対応できる組織ですが、児童相談所は平日の日中が相談の中心となっています（ただし、自治体によっては24時間体制で虐待に対応できる体制を組んでいる児童相談所もあります）。

警察との連携は大切です。きめ細かな連携策を考えなくては、児童虐待に適切に対応することはできません。

なお、「児童虐待防止対策の強化に向けた緊急総合対策」（2018（平成30）年関係閣僚会議）において、児童相談所と警察の情報共有の強化が盛り込まれています。2020（令和２）年度に、その実態を把握・検証し、必要な見直しを行うための検討が進められています。

## 資料13：児童相談所における児童虐待相談対応件数と警察からの通告件数

| | 2015（平成27）年度 | 2016（平成28）年度 | 2017（平成29）年度 | 2018（平成30）年度 |
|---|---|---|---|---|
| 虐待相談対応件数 | 103,286 | 122,575 | 133,778 | 159,838 |
| うち警察からの通告件数 | 38,524（37%） | 54,812（45%） | 66,055（45%） | 79,138（50%） |

出典：各年度福祉行政報告例を加工

# Q87

## 市区町村とはどのように連携していますか？

**Answer**

児童虐待相談対応件数が年々増加している中、2016（平成28）年の児童福祉法の改正により、国・地方公共団体の責務・役割が明確化されました。

市区町村は、基礎的な地方公共団体として身近な場所での子どもと妊産婦の福祉に関する支援を担当しています。

市区町村には、

1　市区町村要保護児童対策地域協議会（要対協などと略される）への専門職の配置

2　担当者研修の実施

3　子ども家庭相談業務に従事する職員の専門性向上

が義務付けられました。

また、児童相談所と市区町村との人事交流を図ることで、相互理解を深め、信頼関係を高めることができます。

さらに、児童相談所が対応した事例の多くは、在宅支援となった後に、市区町村が住民に身近な在宅サービスを活用し、継続的に支援して対応することが重要です。

児童相談所による市区町村への指導委託もあります。この場合、児童相談所が一定の枠組みを示し、直接的な支援は市区町村が担うことになります。

子どもと家庭を支援するために、児童相談所と市区町村は、いわば車の両輪のように動かなくてはならないのです。

参照：児童福祉法第25条の２

# Q88

## 医療機関とはどのように連携していますか？

**Answer**

子どもの相談援助活動を行うに当たって、専門的医学的な判断や治療が必要な場合には、医療機関への紹介、斡旋をします。また地域の医療機関が要保護児童を発見した場合には、児童相談所に通告してもらえるように、日頃から通告窓口を周知しておくことが大切です。

また、障害児や病児等長期的な療育や福祉的援助が必要な子どもを医療機関が把握した場合には、保護者に対して児童相談所への相談を勧めてもらう仕組みも整えておきましょう。

2016（平成28）年の児童虐待防止法改正により、子どもの医療、福祉又は教育に関係する機関や従事する職員も児童虐待の防止等に関する資料の提供を求められたときは、守秘義務違反にならずに、資料を提供できることになっている点を周知するのも大事です。

医療機関との円滑な連携のためには、まず、児童相談所の窓口や連絡先を明確にし、一方的に情報を提供してもらうだけでなく、その後の児童相談所による支援結果を報告し、共有することが大切です。

さらに、要保護児童対策地域協議会における個別ケース検討会議などを通じ、児童相談所の役割を医療機関に示し、理解を深める関わりや機会作りに取り組む必要があります。

なお、2017（平成29）年の児童虐待防止法改正で、医療従事者の例示規定に、「歯科医師、助産師、看護師」が、明記されました。

参照：児童虐待防止法第５条

# Column

## Column 4

### ネット上で見つけた歯科医師会等の取り組み

2017（平成29）年の法改正で、「職務上児童虐待を発見しやすい立場にあることを自覚し、児童虐待の早期発見に努めなければならない者」の例示として歯科医師などが明記されました。全国のいくつかの歯科医師会の取り組み状況をネット上で見て、ほぼ共通している事項をまとめてみました。

「歯科医師は、医師よりもさらに早期に子どもの虐待を発見できる可能性が高いです。一見虐待とは無縁に見えても、ネグレクトされている子どもは、生活習慣が乱れているため、虫歯が多かったり、治療されず放置されているのが、一般児童よりも多いという研究結果が出ています。一度虫歯になると、治療した場合も放置している場合も、その痕跡が口腔内に残っているので、歯科医師、歯科衛生士の観察により、虐待の早期発見が可能となります。乳幼児歯科健診、就学時歯科健診、学校歯科健診のほか、診察時にも気づきの機会があります。この気づきを適切な支援先に結び付けるのが大切です。例えば学校にあっては、養護の先生、担任の先生とも情報を共有し、適切な機関に通告するのが大切です。通告先は、市区町村により異なるので、平素の関係機関間の連携を億劫がらずに、築きましょう。」

参照：岩手県歯科医師会、茨城県歯科医師会、埼玉県歯科医師会、東京都歯科医師会、長岡市歯科医師会、奈良県歯科医師会、三重県歯科医師会、日本小児歯科学会の各ホームページ（順不同）

参照：児童虐待防止法第５条

# Q89

## 配偶者暴力（DV）相談支援センターとはどのように連携するのですか？

**Answer**

2019（平成31～令和元）年に、マスコミで大きく取り上げられた「父と母による児童虐待死亡事件」があります。DVの被害者である母が、子どもへの虐待の事実を認めつつ、情状酌量の余地があると主張している点で注目を浴びました。このこともあり、児童相談所とDV相談支援センターとの連携を密にするよう児童虐待防止法とDV防止法が改正されました（2019（令和元）年）。

DVも児童虐待も家庭という密室で起きていることで、深い関係がありますが、今回ようやく、法律上も関連付けられました。けれども、「DV家庭の母は、DVの被害者であると同時に、子どもにとっては心理的虐待を与えている」という視点だけではなく、虐待の源であるDV防止対策に目を向けなくては児童虐待を防止できません。

DV相談支援センターでの一時保護期間は原則２週間と短く、その間、配偶者から逃れ、母子の安心した生活を確保するための支援に力点が置かれています。配偶者から逃れてきた母は大変疲れています。とても子育てが大変な状態です。子どもに当たることもあります。虐待の程度、内容にもよりますが、子育て中の母親への支援（一時、子どもを預かる、養育相談に応じるなど）が大切です。DV相談支援センターでの子どもの保護については、児童相談所からの保護委託も考えられる、とされています。

参照：児童虐待防止法第４条第１項
配偶者からの暴力の防止及び被害者の保護等に関する法律（通称DV防止法）第９条

# Q90

## ケース移管とはどのようなことですか？

**Answer**

児童相談所の行う相談援助活動には管轄区域がありますが、支援を行っている家庭が他の管轄区域に転居した場合には、その転居先の児童相談所との間で事務引継ぎをします。この児童相談所間の公式な事務引継のことを「ケース移管」といいます。ケース移管は、援助方針が決定していない段階や指導中の段階も含め、すべてのケースを対象に子どもの安全確保を図るために速やかに行います。

虐待通告された保護者は、児童相談所からの調査などを免れようと転居を繰り返す場合があります。そこで、児童相談所は転居を確認したら、速やかに転居先の児童相談所に連絡を入れ、遅くも１か月以内にケース移管を完了します。なお移管を行う場合は、事前協議を行います。移管先の児童相談所は、援助が途切れないよう移管元の児童相談所が行っていた援助方針を１か月間は継続します。１か月経過後に、移管先の児童相談所は自らアセスメントを行い、援助方針の変更が必要か検討します。移管を受けた児童相談所は「通告」に代わるものとして取り扱います。

なお虐待相談ケースの移管については、全国児童相談所長会において申し合わせを策定し対応してきました。

その後2019（令和元）年の児童虐待防止法改正でこの旨が、位置づけられました。

参照：児童虐待防止法第４条第６項

# Q91

## 家庭裁判所との関係はどうなっていますか？

**Answer**

児童相談所と家庭裁判所の関係は多岐にわたっていますが、次のように分けることができます。

(1)　児童福祉法に基づく家事審判

①　親権者の意に反する一時保護が２か月を超える場合

②　親権者の意に反する里親委託又は児童福祉施設入所措置

③　未成年後見人選任・解任申立

(2)　民法に基づく親権制限審判

①　親権停止及び喪失

②　管理権喪失

③　特別養子縁組申立

(3)　少年法に基づく少年審判（児童福祉法にも規定あり）

①　触法少年（14歳未満で刑罰法令に触れる行為を行った子ども）及びぐ犯少年（将来罪を犯すおそれのある子ども）の少年審判を求めた家庭裁判所送致

②　児童自立支援施設における強制的措置の許可申請

③　家庭裁判所少年審判による、児童自立支援施設及び児童養護施設への送致、児童相談所長による指導が適当な少年の児童相談所送致

Column

Column 5

## 福岡市における児童相談所改革

福岡ドームの東側に立つ7階建ての大きな建物は、2003（平成15）年に開館した福岡市子ども総合相談センター「えがお館」。ここでは、①相談事業、②児童虐待防止対策の取り組み、③里親制度推進の取り組み、④思春期相談などが展開されています。組織は４課体制で、児童福祉司を中心とした「こども支援課」、虐待ケースの初期対応を中心とした「こども緊急支援課」、児童心理司を中心とした「こども相談課」（以上3課が児童相談所組織に該当）、加えて「教育相談課」（教育委員会にも所属）となっています。

児童虐待防止法が施行された2000（平成12）年以降、全国的に虐待相談は急増しました。「えがお館」も全国と同様、一時保護所も退所先である児童養護施設等もいつも満杯状態で、職員は疲弊し、辞めていく人も多かったそうです。その中から、虐待の予防に努め、かつ、子どもの長期間の施設保護を改めようという内部改革を実行してきました。実行のカギは、人を得たのはもちろんですが、「従来の児童相談所の行ってきた保護と措置は、子どもの権利を保障してきたといえるのか」についての児童福祉司の深い反省がありました。命を削って対応してきたその仕事が実は、子どもを苦しめているかもしれない、という疑問が大きくなったのです。里親養育で育った子供たちの笑顔を見て職員が勇気づけられ、里親委託の再評価、拡大につながる循環が始まりました。これは子どもの権利条約にいう「家庭と同様な養育環境（養子縁組による家庭、里親家庭、ファミリーホームなど）において継続的に養育されるようにする社会的養護」の考え方を、理論としてではなく、血を通わせて理解していったプロセスでした。

福岡市では、2005（平成17）年度から里親委託推進事業を進めており、2016（平成28）年度末の里親委託率は約40％で全国1位。全国平均が20％に達していないのに比べとても高くなっています。里親家庭への支援策も進めています。里親を増やすために、担当職員を置いたことに加え、里親制度に関する実践活動をする民間団体を育成するところから始めたそうです。

「えがお館」の内部改革を後押しするもう一つの要因に、外国人の目がありました。なぜ日本では里親ではなく大規模施設を活用するのか、なぜ養子縁組がこんなに少ないのか、に疑問を持った研究者から、“施設保護から家庭的環境での養育へ”が世界の潮流である。そうでないのを日本的特殊性のせいにしてはいけない、という指摘がありました。

また、スクールソーシャルワーカーは「えがお館」にも学校現場にも机を持っており、この機能が連携した結果、児童相談所と学校現場との年間の協働ケースは100件を超えているといいます。さらに5階にある福岡少年サポートセンター（正式名称は福岡県警少年課福岡サポートセンター）には福祉人材である少年育成指導官が配置され、児童相談所と警察との協働が進んでいる、といいます。

2017（平成29）年8月に、「新しい社会的養育ビジョン」（新たな社会的養育の在り方に関する検討会=事務局は厚生労働省）が発表されています。藤林武史さん（福岡市子ども総合相談センター所長）は、この検討会の委員として参加しています。「新しい社会的養育ビジョン」の背景にある具体的な事例を知ると、より深く理解できます。児童相談所の改革は全国で取り組まれていると思いますが、あまりに忙しく、その経験を外部に伝えるのはなかなか困難ですので、福岡市からの情報発信は貴重です。

参照：藤林武史編著「児童相談所改革と協働の道のり」明石書店　2017（平成29）年

# 第７章
# 児童福祉司・児童心理司

# Q92 児童福祉司の任用資格を教えてください。

Answer

児童福祉司任用資格要件については、専門性の確保・向上を図りつつ、人材登用の幅を広げる観点から次のいずれかに該当する者と定められています。

1　大学において、心理学、教育学、社会学を専修する学科又はこれらに相当する課程を修めて卒業した者で、児童福祉施設等において1年以上児童その他の者の福祉に関する相談、援助を行う業務に従事した者

2　都道府県知事の指定する児童福祉司若しくは児童福祉施設の職員を養成する学校その他の施設を卒業し、又は都道府県知事の指定する講習会の課程を修了した者

3　医師

4　社会福祉士、精神保健福祉士、公認心理師

5　社会福祉主事として、2年以上児童福祉事業に従事した者であって厚生労働大臣が定める講習会の課程を修了した者

6　前各号に掲げる者と同等以上の能力を有すると認められる者であって厚生労働省令で定めるもの

任用資格を得て、地方自治体の採用試験に合格し、児童福祉司とし任用されなければ児童福祉司になることはできません。また、任用後、一定の期間内に児童福祉司任用後研修を受講することが必要です。

参照：児童福祉法第13条

# Q93

## 児童福祉司の役割・権限について教えてください。

**Answer**

児童福祉司は、児童相談所長の定める担当地域において、児童相談所長の命を受けて、児童の保護、児童の福祉に関する相談に応じ、専門的技術に基づいて、必要な指導を行う等児童の福祉増進に努めることとなっています。また、担当区域内の市区町村長に協力を求めることができます。

具体的には、

1　子ども、保護者から子どもの福祉に関する相談に応じること
2　子どもやその家族、親族、地域関係者との面接やその他必要な調査を行い、調査に基づく社会診断を行うこと
3　子ども、保護者、関係者等に必要な支援・指導を行うこと
4　子ども、保護者等の関係調整（家族療法など）を行うこと

さらに、児童福祉司スーパーバイザーは、児童福祉司及びその他相談担当職員の職務遂行能力の向上を目的として指導及び教育に当たる児童福祉司であり、児童福祉司５人に対し１人配置されています。児童福祉司スーパーバイザーは、児童福祉司及びその他の職員に対し、専門的見地から職務遂行に必要な技術について指導及び教育を行うこととなっています。

参照：児童福祉法第13条

# Q94 児童福祉司の養成はどのように行われますか？

**Answer**

1　児童福祉司任用後研修

2016（平成28）年の児童福祉法の改正により、児童福祉司等の専門性強化を図る観点から、児童福祉司等は、厚生労働大臣が定める基準に適合する研修（以下「任用後研修」という）を義務付けられました。研修は、任用後おおむね6か月以内に実施し、講義と演習によるものです。

内容は、

○　児童の面接・家族面接に関する技術
○　児童相談所における方針決定の過程
○　社会的養護における自立支援
○　関係機関との連携・協働と在宅支援
○　行政権限の行使と司法手続
○　児童虐待への対応
○　少年非行への対応

社会福祉主事から児童福祉司に任用される者については、厚生労働大臣が定める講習会（任用前講習会）の課程の修了が必要です。

また、児童福祉司スーパーバイザーについては、指導及び教育（スーパービジョン）に必要な知識・技術の修得のためにスーパーバイザー研修を受講するものとなりました。研修は2泊3日で2回。方法は児童福祉司と同様です。

内容は、

講義　・　児童の権利擁護と児童家庭福祉の現状・課題
　　　・　スーパービジョンの基本
　　　・　児童の発達と虐待の影響、児童の生活に関する諸問題

・　ソーシャルワークとケースマネジメント

演習　・　児童福祉司研修内容

・　社会的養護における自立支援とファミリーソーシャルワーク

・　スーパービジョンの基本

2　専門性

子ども家庭ソーシャルワーク（ケアワーク、ソーシャルアクション等）として子どもの権利を守ることを最優先の目的としたソーシャルワークを行うことができるよう専門性を獲得する必要性があります。

(1)　知識

・　児童福祉法及び関連する児童虐待防止法や少年法等の知識

・　児童相談所の業務、法的権限、関連機関の役割・機能などソーシャルワークに関する知識

・　子どもの発達状況や子どもや保護者の精神疾患等の児童虐待のリスク因子等、特性を踏まえたアセスメント

(2)　技術

・　児童福祉法等に基づく行政処分等を適正に行うこと

・　関係機関等と適切に連携し、ソーシャルワークを行うこと

・　子どもの年齢や発達、虐待等、親子関係など取り巻く状況に応じ、適切に介入・支援を行うこと

(3)　態度

・　相談者や子どもの安心感、不安解消のための態度、丁寧な説明

・　子どもの最善の利益の優先、対人関係などについての研鑽

# Q95 児童心理司の任用資格を教えてください。

**Answer**

児童心理司の任用資格については、次のいずれかに該当する者と定められています。

1　医師であって、精神保健に関して学識経験を有する者

2　大学において、心理学を専修する学科又はこれに相当する課程を修めて卒業した者

3　公認心理師

4　前1、2に準ずる資格を有する者

(1)　大学において、心理学を専修する学科又はこれに相当する課程において優秀な成績で単位を修得したことにより、同法第102条第2項の規定により大学院への入学を認められた者

(2)　大学院において、心理学を専攻する研究科又はこれに相当する課程を修めて卒業した者

(3)　外国の大学において、心理学を専修する学科又はこれに相当する課程を修めて卒業した者

参照：児童福祉法第12条

# Q96 児童心理司の役割・権限について教えてください。

## Answer

児童心理司は、児童福祉法上は心理判定員ですが、児童相談所に任用される判定員は児童相談所運営指針の改正に伴い、2005（平成17）年より児童心理司の呼称が用いられるようになりました。

保護者等の相談に応じ、子どもや保護者の間に生じている心理的な問題について、専門性を生かし、診断面接、心理検査、観察等によって明らかにし、子ども、保護者等に対して心理診断を行います。

心理診断を行う児童心理司は、社会診断や医学的診断、行動診断などを行う職員と共に会議に参加し、援助方針を検討します。

また、問題解決のため、子ども、保護者、関係者等に心理療法、カウンセリング、助言指導等の指導を行います。

# 第8章
# 関係法令改正の動き

# Q97

## 「特別養子縁組制度」はどのように改正されたのですか？

### Answer

特別養子縁組制度は、1987（昭和62）年に新設された制度ですが、利用を促進するため、2019（令和元）年に法改正されました。保護が必要な子どもを、施設ではなく家庭的な環境で養育する社会的養育手法の一つで、里親制度と並んで「子どもの権利条約」で推奨されています。

特別養子縁組制度は、普通養子縁組と異なり、①養子縁組後は実親との法律上の親子関係が切れる　②養親は25歳以上の夫婦又は一方が25歳以上であれば他方は20歳以上である　③当事者間の合意ではなく裁判所の審判事件である　④子の利益のため特に必要がある場合に認められる　が特徴です。主な改正点は次の通りです。

1　６歳未満だった年齢の上限を原則15歳未満に引き上げた
2　家庭裁判所による審判手続きを２段階とした。第１段階では、実親の養育状況と実親の同意の有無を判断する審判。第２段階は、試験養育を経て、養親子のマッチングを判断する審判
3　実親は裁判所で特別養子縁組の同意をした後、一定期間経過後はそれを撤回できない
4　児童相談所長は、上記の第１段階の手続きを行う申立てもできるし、参加人として主張・立証もできる

なお特別養子縁組では、裁判確定に基づく入籍である旨が戸籍に記載されるので、戸籍をさかのぼることにより実父母を知ることができます。養子の出自を知る権利や近親婚の防止に配慮しています。

参照：民法第817条の２～第817条の８

## 資料14：特別養子縁組制度の流れ

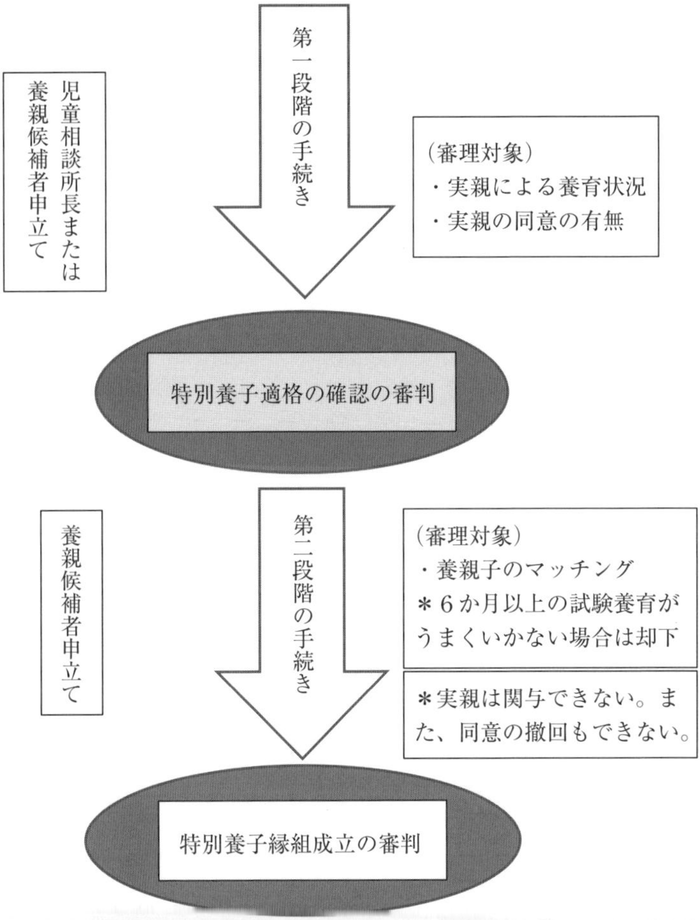


出典：厚生労働省作成の「民法等の一部を改正する法律の概要」

# Q98

民事執行法の改正
（子の引渡し）

## 民事執行法の改正（子の引渡し）のポイントについて教えてください。

**Answer**

世界的な人の移動や国際結婚の増加に伴い、国際離婚も増加し、子どもの引渡しを巡る争いが発生しています。具体的には、連れ去り（一方の親がもう一方の親の同意を得ずに、子どもを元の居住国から出国させること）や、留置き（一方の親の同意を得て一時帰国後、約束の期限を過ぎても子どもを元の居住国に戻さないことなど）です。これに対応するため、1980（昭和55）年に「ハーグ国際私法会議」が「国際的な子の奪取の民事上の側面に関する条約」（通称：ハーグ条約）を作成、提案し、条約加盟国はこのルールに従うことになりました。なお、外国人との間だけでなく、日本人どうしの間でもこの条約は適用されます（外務省見解）。

我が国では、条約発効後の2019（令和元）年５月、国内法整備の一環として、民事執行法が改正されました。主な改正点は次の２つです。

1　従前は勝訴判決が出た場合、それを実現するには間接強制*しかなかったのを、間接強制を前提としつつ、それでは引渡しを実現できる見込みがなく子どもの急迫な危険を防止する必要がある場合には、子どもの引渡しの申立てを行い、申立てが認められると執行官が直接引渡しを実現します。

2　従前は、執行官が直接子の引渡しを実現できるのは子どもが親と一緒にいるときに限られていましたが、親が不在の際でも子どもの利益に配慮し子どもの返還を実現できることになりました。

＊間接強制とは、裁判所が金銭の支払いを命じることによって、心理的に強制し履行させる強制執行の方法。

# Q99 児童福祉法等の改正

## 最近の児童福祉法等の改正のポイントについて教えてください。

**Answer**

2016（平成28）年、児童福祉法の考え方が大きく改正されました。児童福祉法の理念を「子どもは権利の主体であり、子どもの最善の利益が優先して考慮されなければならない」と明確にし、「すべての子どもに関する法令において尊重されなければならない」と定めています。この際改正に至らなかったが、問題提起された事項は、衆参両院で「付帯決議」としてまとめられました。付帯決議のうち、条件が整ったものは、2017（平成29）年に引き続き、2019（令和元）年にも児童福祉法のほか児童虐待防止法、DV防止法も改正されています。主な改正点は次の通りですが、施行日は３年後、４年後の事項もあり、実現に向けて一層の努力が必要です。

- 親権者及び児童福祉施設の長は、しつけとしての体罰禁止（Q100参照）
- 法施行後２年を目途に、児童の意見表明権について検討し、必要な措置をとる。
- 法施行後２年を目途に、民法の懲戒権のあり方について検討し、必要な措置をとる。

# Q100

## 体罰の禁止に関する法改正について教えてください。

**Answer**

2019（令和元）年、児童虐待防止対策の強化を図るため、児童の権利擁護を実現するために、児童福祉法と児童虐待防止法の一部が改正され、子どもへの体罰が禁止されました。

児童相談所の虐待相談対応件数は年々増加し、子どもが死亡するなど痛ましい事件が後を絶ちません。この背景には、しつけと称して子どもに暴力を振るう保護者の問題があります。また、ある調査*によると、我が国では、しつけとして体罰を容認する人は、６割になっています。

世界では、1979（昭和54）年にスウェーデンが体罰を禁止して以降、58か国が体罰を禁止しています（2019（令和元）年10月末現在）。

今回の改正は、次のとおりです。

1　親権者等による体罰の禁止

①　親権者は、児童のしつけに際し体罰を加えてはならない、その他民法第820条の規定による監護及び教育に必要な範囲を超える行為により子どもを懲戒してはならない（児童虐待防止法第14条第１項）

②　児童相談所長、児童福祉施設の長、里親等は、監護、教育に関し必要な措置をとることができる児童に対し、体罰を加えることはできない（児童福祉法第33条の２第２項及び第47条第３項）

2　懲戒権の在り方検討

政府は、法施行後２年を目途に、民法第822条（懲戒権）の規定の在り方について検討を加え、必要があると認めた場合は、その結果に基づいて必要な措置を講じる（改正法附則第７条第５項関係）

体罰とは、殴る、叩くなど子どもの身体に苦痛や不快感をもたらす行為ですが、それ以外にも、怒鳴ったり、けなしたりなど子どもの心を傷つける行為などは、子どもの成長・発達に悪影響を与える可能性があり、子どもの権利を侵害します。

体罰をなくすためには、社会の体罰等に関する意識を変え、体罰を許さない意識を醸成する必要があると同時に、保護者を孤立させず、社会全体で、子育てを行っていくことが求められています。

＊国際NGO・公益社団法人「セーブ・ザ・チルドレン・ジャパン」「子どもに対するしつけのための体罰等の意識・実態調査結果報告書～子どもの体やこころを傷つける罰のない社会を目指して～」
2018（平成30）年公表

参照：児童福祉法第33条の２第２項、第47条第３項
　　　児童虐待防止法第14条第１項

# 資 料 編

## 1　児童福祉法と関係法令等の動き

| 西暦 | 元号 | 児童福祉法 | 関連法等 |
|---|---|---|---|
| 1874 | 明７ | | 恤救規則（じゅっきゅうきそく） |
| 1929 | 昭４ | | 救護法成立⇒恤救規則廃止 |
| 1932 | 昭７ | | 救護法施行 |
| 1933 | 昭８ | 旧児童虐待防止法<br>＊対象は14歳未満 | |
| 1937 | 昭12 | | 旧保健所法・母子保護法 |
| 1946 | 昭21 | | 日本国憲法公布<br>旧生活保護法⇒救護法廃止 |
| 1947 | 昭22 | 児童福祉法<br>＊対象は18歳未満で、当初は主に戦災孤児を対象とした。 | 民法（第４編親族編）の大幅改正<br>新保健所法（旧保健所法の大幅改正） |
| 1949 | 昭24 | 里親制度発足 | |
| 1950 | 昭25 | | 生活保護法⇒旧生活保護法廃止 |
| 1959 | 昭34 | | 国連で「児童権利宣言」採択 |
| 1979 | 昭54 | | 国連の国際児童年 |
| 1987 | 昭62 | | 特別養子縁組制度新設（民法） |
| 1989 | 平元 | | 国連で「子どもの権利条約」採択 |
| 1994 | 平６ | 子どもの権利条約批准<br>＊国内法の整備が課題に | 地域保健法（新保健所法の大幅改正） |
| 1997 | 平９ | 児童福祉法の改正<br>①　児童家庭支援センターの創設等<br>＊厚生省通達：「児童虐待等に関する児童福祉法の適切な運用について」 | |
| 2000 | 平12 | 児童虐待防止法 | |
| 2001 | 平13 | | DV防止法成立・一部施行 |
| 2002 | 平14 | | DV防止法完全施行 |
| 2004 | 平16 | 児童虐待防止法の一部改正<br>①　子どもへの虐待が疑われた場合、通告が義務制に<br>２　市区町村の役割強化<br>３　心理的虐待の一つにDV家庭の子どもが加わる（いわゆる面前DV） | DV防止法　一部改正<br>①　DVの定義を拡大<br>身体的暴力＋心身への有害な言動<br>２　保護命令制度の拡充（子どもへの接近禁止など） |

| | | | |
|---|---|---|---|
| 2007 | 平19 | 児童虐待防止法の一部改正<br>①　３年以内に親権制度を見直す<br>児童福祉法の一部改正<br>①　児童相談所長の権限強化 | |
| 2011 | 平23 | 児童福祉法の一部改正<br>①　児童相談所長の権限強化⇒親権喪失、親権停止、管理権喪失の各審判の申立権を持つ | 民法の一部改正<br>①　親権は、「子の利益のために行使される」点を明記<br>2　最長２年間の親権停止制度創設<br>3　「懲戒場」規定の削除<br>4　未成年後見制度を見直し、複数後見人、法人後見制導入 |
| 2013 | 平25 | | ハーグ条約の批准・実施法成立 |
| 2014 | 平26 | | ハーグ条約実施法施行 |
| 2016 | 平28 | 児童福祉法の一部改正<br>①　「児童福祉の基本理念」を明確化⇒子どもの最善の利益のために<br>2　国・都道府県・市区町村の役割の明確化<br>3　児童相談所設置自治体の拡大（特別区を含む）<br>4　18歳以上の未成年者に対する支援の継続<br>5　児童相談所から市区町村への事案送致を可能に | 母子保健法の一部改正<br>①　市区町村の「母子健康包括支援センター」設置努力義務化 |
| 2017 | 平29 | 児童福祉法等の一部改正<br>①　虐待している保護者に対する指導への家庭裁判所の関与明記<br>2　親権者の意に反する２か月を超えての一時保護には、家庭裁判所の承認が必要<br>3　児童虐待の早期発見に関わる責務のある者の例示に「歯科医師、保健師、助産師、看護師」を加えた | 刑法の一部改正（性犯罪規定の改正）<br>①　強姦罪⇒強制性交罪（罰則強化）準強姦罪⇒準強制性交罪<br>2　被害者は男性も<br>3　監護者わいせつ罪及び監護者性交罪の創設（対象者は18歳未満の者）<br>4　非親告罪化（親告罪規定の削除） |
| 2018 | 平30 | | 18歳成年法（民法の一部を改正する法律）公布<br>（施行は2022（令和４）年４月１日） |
| 2019 | 令元 | 児童福祉法等の一部改正<br>①　しつけとしての体罰禁止<br>2　児童相談所の体制強化<br>3　DV相談支援センターとの連携 | 民事執行法及びハーグ条約実施法の改正（子の引渡し）<br>DV防止法の一部改正<br>①　児童相談所との連携 |

資料編

# 2　児童福祉法（抜粋）

（昭和22年12月12日法律第164号）

最近改正　令和２年６月10日法律第41号

**第一条**　全て児童は、児童の権利に関する条約の精神にのつとり、適切に養育されること、その生活を保障されること、愛され、保護されること、その心身の健やかな成長及び発達並びにその自立が図られることその他の福祉を等しく保障される権利を有する。

**第二条**　全て国民は、児童が良好な環境において生まれ、かつ、社会のあらゆる分野において、児童の年齢及び発達の程度に応じて、その意見が尊重され、その最善の利益が優先して考慮され、心身ともに健やかに育成されるよう努めなければならない。

２　児童の保護者は、児童を心身ともに健やかに育成することについて第一義的責任を負う。

３　国及び地方公共団体は、児童の保護者とともに、児童を心身ともに健やかに育成する責任を負う。

**第三条**　前二条に規定するところは、児童の福祉を保障するための原理であり、この原理は、すべて児童に関する法令の施行にあたつて、常に尊重されなければならない。

**第三条の二**　国及び地方公共団体は、児童が家庭において心身ともに健やかに養育されるよう、児童の保護者を支援しなければならない。ただし、児童及びその保護者の心身の状況、これらの者の置かれている環境その他の状況を勘案し、児童を家庭において養育することが困難であり又は適当でない場合にあつては児童が家庭における養育環境と同様の養育環境において継続的に養育されるよう、児童を家庭及び当該養育環境において養育することが適当でない場合にあつては児童ができる限り良好な家庭的環境において養育されるよう、必要な措置を講じなければならない。

**第三条の三**　市町村（特別区を含む。以下同じ。）は、児童が心身ともに健やかに育成されるよう、基礎的な地方公共団体として、第十条第一項各号に掲げる業務の実施、障害児通所給付費の支給、第二十四条第一項の規定による保育の実施その他この法律に基づく児童の身近な場所における児童の福祉に関する支援に係る業務を適切に行わなければならない。

2　都道府県は、市町村の行うこの法律に基づく児童の福祉に関する業務が適正かつ円滑に行われるよう、市町村に対する必要な助言及び適切な援助を行うとともに、児童が心身ともに健やかに育成されるよう、専門的な知識及び技術並びに各市町村の区域を超えた広域的な対応が必要な業務として、第十一条第一項各号に掲げる業務の実施、小児慢性特定疾病医療費の支給、障害児入所給付費の支給、第二十七条第一項第三号の規定による委託又は入所の措置その他この法律に基づく児童の福祉に関する業務を適切に行わなければならない。

3　国は、市町村及び都道府県の行うこの法律に基づく児童の福祉に関する業務が適正かつ円滑に行われるよう、児童が適切に養育される体制の確保に関する施策、市町村及び都道府県に対する助言及び情報の提供その他の必要な各般の措置を講じなければならない。

**第四条**　この法律で、児童とは、満十八歳に満たない者をいい、児童を左のように分ける。

一　乳児　満一歳に満たない者

二　幼児　満一歳から、小学校就学の始期に達するまでの者

三　少年　小学校就学の始期から、満十八歳に達するまでの者

**第六条**　この法律で、保護者とは、第十九条の三、第五十七条の三第二項、第五十七条の三の三第二項及び第五十七条の四第二項を除き、親権を行う者、未成年後見人その他の者で、児童を現に監護する者をいう。

**第六条の三**　この法律で、児童自立生活援助事業とは、次に掲げる者に対しこれらの者が共同生活を営むべき住居における相談その他の日常生活上の援助及び生活指導並びに就業の支援（以下「児童自立生活援助」という。）を行い、あわせて児童自立生活援助の実施を解除された者に対し相談その他の援助を行う事業をいう。

一　義務教育を終了した児童又は児童以外の満二十歳に満たない者であつて、措置解除者等（第二十七条第一項第三号に規定する措置（政令で定め

るものに限る。）を解除された者その他政令で定める者をいう。次号において同じ。）であるもの（以下「満二十歳未満義務教育終了児童等」という。）

二　学校教育法第五十条に規定する高等学校の生徒、同法第八十三条に規定する大学の学生その他の厚生労働省令で定める者であつて、満二十歳に達した日から満二十二歳に達する日の属する年度の末日までの間にあるもの（満二十歳に達する日の前日において児童自立生活援助が行われていた満二十歳未満義務教育終了児童等であつたものに限る。）のうち、措置解除者等であるもの（以下「満二十歳以上義務教育終了児童等」という。）

8　この法律で、小規模住居型児童養育事業とは、第二十七条第一項第三号の措置に係る児童について、厚生労働省令で定めるところにより、保護者のない児童又は保護者に監護させることが不適当であると認められる児童（以下「要保護児童」という。）の養育に関し相当の経験を有する者その他の厚生労働省令で定める者（次条に規定する里親を除く。）の住居において養育を行う事業をいう。

**第六条の四**　この法律で、里親とは、次に掲げる者をいう。

一　厚生労働省令で定める人数以下の要保護児童を養育することを希望する者（都道府県知事が厚生労働省令で定めるところにより行う研修を修了したことその他の厚生労働省令で定める要件を満たす者に限る。）のうち、第三十四条の十九に規定する養育里親名簿に登録されたもの（以下「養育里親」という。）

二　前号に規定する厚生労働省令で定める人数以下の要保護児童を養育すること及び養子縁組によつて養親となることを希望する者（都道府県知事が厚生労働省令で定めるところにより行う研修を修了した者に限る。）のうち、第三十四条の十九に規定する養子縁組里親名簿に登録されたもの（以下「養子縁組里親」という。）

三　第一号に規定する厚生労働省令で定める人数以下の要保護児童を養育することを希望する者（当該要保護児童の父母以外の親族であつて、厚生労働省令で定めるものに限る。）のうち、都道府県知事が第二十七条第一項第三号の規定により児童を委託する者として適当と認めるもの

**第七条**　この法律で、児童福祉施設とは、助産施設、乳児院、母子生活支援施設、保育所、幼保連携型認定こども園、児童厚生施設、児童養護施設、障害児入所施設、児童発達支援センター、児童心理治療施設、児童自立支援施設及び児童家庭支援センターとする。

**第八条**　第九項、第二十七条第六項、第三十三条の十五第三項、第三十五条第六項、第四十六条第四項及び第五十九条第五項の規定によりその権限に属させられた事項を調査審議するため、都道府県に児童福祉に関する審議会その他の合議制の機関を置くものとする。ただし、社会福祉法（昭和二十六年法律第四十五号）第十二条第一項の規定により同法第七条第一項に規定する地方社会福祉審議会（以下「地方社会福祉審議会」という。）に児童福祉に関する事項を調査審議させる都道府県にあつては、この限りでない。

6　児童福祉審議会は、特に必要があると認めるときは、児童、妊産婦及び知的障害者、これらの者の家族その他の関係者に対し、第一項本文及び第二項の事項を調査審議するため必要な報告若しくは資料の提出を求め、又はその者の出席を求め、その意見を聴くことができる。

7　児童福祉審議会は、前項の規定により意見を聴く場合においては、意見を述べる者の心身の状況、その者の置かれている環境その他の状況に配慮しなければならない。

**第十一条**　都道府県は、この法律の施行に関し、次に掲げる業務を行わなければならない。

一　第十条第一項各号に掲げる市町村の業務の実施に関し、市町村相互間の連絡調整、市町村に対する情報の提供、市町村職員の研修その他必要な援助を行うこと及びこれらに付随する業務を行うこと。

二　児童及び妊産婦の福祉に関し、主として次に掲げる業務を行うこと。

イ　各市町村の区域を超えた広域的な見地から、実情の把握に努めること。

ロ　児童に関する家庭その他からの相談のうち、専門的な知識及び技術を必要とするものに応ずること。

ハ　児童及びその家庭につき、必要な調査並びに医学的、心理学的、教育学的、社会学的及び精神保健上の判定を行うこと。

ニ　児童及びその保護者につき、ハの調査又は判定に基づいて心理又は児童の健康及び心身の発達に関する専門的な知識及び技術を必要とする指導その他必要な指導を行うこと。

ホ　児童の一時保護を行うこと。

ヘ　児童の権利の保護の観点から、一時保護の解除後の家庭その他の環境の調整、当該児童の状況の把握その他の措置により当該児童の安全を確保すること。

ト　里親に関する次に掲げる業務を行うこと。

(1)　里親に関する普及啓発を行うこと。

(2)　里親につき、その相談に応じ、必要な情報の提供、助言、研修その他の援助を行うこと。

(3)　里親と第二十七条第一項第三号の規定により入所の措置が採られて乳児院、児童養護施設、児童心理治療施設又は児童自立支援施設に入所している児童及び里親相互の交流の場を提供すること。

(4)　第二十七条第一項第三号の規定による里親への委託に資するよう、里親の選定及び里親と児童との間の調整を行うこと。

(5)　第二十七条第一項第三号の規定により里親に委託しようとする児童及びその保護者並びに里親の意見を聴いて、当該児童の養育の内容その他の厚生労働省令で定める事項について当該児童の養育に関する計画を作成すること。

チ　養子縁組により養子となる児童、その父母及び当該養子となる児童の養親となる者、養子縁組により養子となつた児童、その養親となつた者及び当該養子となつた児童の父母（民法（明治二十九年法律第八十九号）第八百十七条の二第一項に規定する特別養子縁組（第三十三条の六の二において「特別養子縁組」という。）により親族関係が終了した当該養子となつた児童の実方の父母を含む。）その他の児童を養子とする養子縁組に関する者につき、その相談に応じ、必要な情報の提供、助言その他の援助を行うこと。

三　前二号に掲げるもののほか、児童及び妊産婦の福祉に関し、広域的な対応が必要な業務並びに家庭その他につき専門的な知識及び技術を必要とする支援を行うこと。

2　都道府県知事は、市町村の第十条第一項各号に掲げる業務の適切な実施を確保するため必要があると認めるときは、市町村に対し、体制の整備その他の措置について必要な助言を行うことができる。

3　都道府県知事は、第一項又は前項の規定による都道府県の事務の全部又は一部を、その管理に属する行政庁に委任することができる。

4　都道府県知事は、第一項第二号トに掲げる業務（次項において「里親支援事業」という。）に係る事務の全部又は一部を厚生労働省令で定める者に委託することができる。

5　前項の規定により行われる里親支援事業に係る事務に従事する者又は従事していた者は、その事務に関して知り得た秘密を漏らしてはならない。

6　都道府県は、この法律による事務を適切に行うために必要な体制の整備に努めるとともに、当該事務に従事する職員の人材の確保及び資質の向上のために必要な措置を講じなければならない。

7　国は、都道府県における前項の体制の整備及び措置の実施に関し、必要な支援を行うように努めなければならない。

**第十二条**　都道府県は、児童相談所を設置しなければならない。

2　児童相談所は、児童の福祉に関し、主として前条第一項第一号に掲げる業務（市町村職員の研修を除く。）並びに同項第二号（イを除く。）及び第三号に掲げる業務並びに障害者の日常生活及び社会生活を総合的に支援するための法律第二十二条第二項及び第三項並びに第二十六条第一項に規定する業務を行うものとする。

3　都道府県は、児童相談所が前項に規定する業務のうち法律に関する専門的な知識経験を必要とするものを適切かつ円滑に行うことの重要性に鑑み、児童相談所における弁護士の配置又はこれに準ずる措置を行うものとする。

4　児童相談所は、必要に応じ、巡回して、第二項に規定する業務（前条第一項第二号ホに掲げる業務を除く。）を行うことができる。

5　児童相談所長は、その管轄区域内の社会福祉法に規定する福祉に関する事務所（以下「福祉事務所」という。）の長（以下「福祉事務所長」という。）に必要な調査を委嘱することができる。

6　都道府県知事は、第二項に規定する業務の質の評価を行うことその他必要な措置を講ずることにより、当該業務の質の向上に努めなければならない。

7　国は、前項の措置を援助するために、児童相談所の業務の質の適切な評価の実施に資するための措置を講ずるよう努めなければならない。

**第十二条の三**　児童相談所の所長及び所員は、都道府県知事の補助機関である職員とする。

2　所長は、次の各号のいずれかに該当する者でなければならない。

一　医師であつて、精神保健に関して学識経験を有する者

二　学校教育法に基づく大学又は旧大学令（大正七年勅令第三百八十八号）に基づく大学において、心理学を専修する学科又はこれに相当する課程を修めて卒業した者（当該学科又は当該課程を修めて同法に基づく専門職大学の前期課程を修了した者を含む。）

三　社会福祉士

四　精神保健福祉士

五　公認心理師

六　児童の福祉に関する事務をつかさどる職員（以下「児童福祉司」という。）として二年以上勤務した者又は児童福祉司たる資格を得た後二年以上所員として勤務した者

七　前各号に掲げる者と同等以上の能力を有すると認められる者であつて、厚生労働省令で定めるもの

3　所長は、厚生労働大臣が定める基準に適合する研修を受けなければならない。

4　相談及び調査をつかさどる所員は、児童福祉司たる資格を有する者でなければならない。

5　判定をつかさどる所員の中には、第二項第一号に該当する者又はこれに準ずる資格を有する者及び同項第二号に該当する者若しくはこれに準ずる資格を有する者又は同項第五号に該当する者が、それぞれ一人以上含まれなければならない。

6　指導をつかさどる所員の中には、次の各号に掲げる指導の区分に応じ、当該各号に定める者が含まれなければならない。

一　心理に関する専門的な知識及び技術を必要とする指導　第二項第一号に該当する者若しくはこれに準ずる資格を有する者、同項第二号に該当する者若しくはこれに準ずる資格を有する者又は同項第五号に該当する者

二　児童の健康及び心身の発達に関する専門的な知識及び技術を必要とする指導　医師又は保健師

7　前項第一号に規定する指導をつかさどる所員の数は、政令で定める基準を標準として都道府県が定めるものとする。

**第十二条の四**　児童相談所には、必要に応じ、児童を一時保護する施設を設けなければならない。

**第十二条の五**　この法律で定めるもののほか、児童相談所の管轄区域その他児童相談所に関し必要な事項は、命令でこれを定める。

**第十三条**　都道府県は、その設置する児童相談所に、児童福祉司を置かなければならない。

2　児童福祉司の数は、各児童相談所の管轄区域内の人口、児童虐待の防止等に関する法律（平成十二年法律第八十二号）第二条に規定する児童虐待（以下単に「児童虐待」という。）に係る相談に応じた件数、第二十七条第一項第三号の規定による里親への委託の状況及び市町村におけるこの法律による事務の実施状況その他の条件を総合的に勘案して政令で定める基準を標準として都道府県が定めるものとする。

3　児童福祉司は、都道府県知事の補助機関である職員とし、次の各号のいずれかに該当する者のうちから、任用しなければならない。

一　都道府県知事の指定する児童福祉司若しくは児童福祉施設の職員を養成する学校その他の施設を卒業し、又は都道府県知事の指定する講習会の課程を修了した者

二　学校教育法に基づく大学又は旧大学令に基づく大学において、心理学、教育学若しくは社会学を専修する学科又はこれらに相当する課程を修めて卒業した者（当該学科又は当該課程を修めて同法に基づく専門職大学の前期課程を修了した者を含む。）であつて、厚生労働省令で定める施設において一年以上児童その他の者の福祉に関する相談に応じ、助言、指導その他の援助を行う業務に従事したもの

三　医師

四　社会福祉士

五　精神保健福祉士

六　公認心理師

七　社会福祉主事として二年以上児童福祉事業に従事した者であつて、厚生労働大臣が定める講習会の課程を修了したもの

八　前各号に掲げる者と同等以上の能力を有すると認められる者であつて、厚生労働省令で定めるもの

4　児童福祉司は、児童相談所長の命を受けて、児童の保護その他児童の福祉に関する事項について、相談に応じ、専門的技術に基づいて必要な指導を行う等児童の福祉増進に努める。

5　児童福祉司の中には、他の児童福祉司が前項の職務を行うため必要な専門的技術に関する指導及び教育を行う児童福祉司（次項及び第七項において「指導教育担当児童福祉司」という。）が含まれなければならない。

6　指導教育担当児童福祉司は、児童福祉司としておおむね五年以上勤務した者でなければならない。

7　指導教育担当児童福祉司の数は、政令で定める基準を参酌して都道府県が定めるものとする。

8　児童福祉司は、児童相談所長が定める担当区域により、第四項の職務を行い、担当区域内の市町村長に協力を求めることができる。

9　児童福祉司は、厚生労働大臣が定める基準に適合する研修を受けなければならない。

10　第三項第一号の施設及び講習会の指定に関し必要な事項は、政令で定める。

**第十六条**　市町村の区域に児童委員を置く。

2　民生委員法（昭和二十三年法律第百九十八号）による民生委員は、児童委員に充てられたものとする。

3　厚生労働大臣は、児童委員のうちから、主任児童委員を指名する。

4　前項の規定による厚生労働大臣の指名は、民生委員法第五条の規定による推薦によつて行う。

**第十七条**　児童委員は、次に掲げる職務を行う。

一　児童及び妊産婦につき、その生活及び取り巻く環境の状況を適切に把握しておくこと。

二　児童及び妊産婦につき、その保護、保健その他福祉に関し、サービスを適切に利用するために必要な情報の提供その他の援助及び指導を行うこと。

三　児童及び妊産婦に係る社会福祉を目的とする事業を経営する者又は児童の健やかな育成に関する活動を行う者と密接に連携し、その事業又は活動を支援すること。

四　児童福祉司又は福祉事務所の社会福祉主事の行う職務に協力すること。

五　児童の健やかな育成に関する気運の醸成に努めること。

六　前各号に掲げるもののほか、必要に応じて、児童及び妊産婦の福祉の増進を図るための活動を行うこと。

2　主任児童委員は、前項各号に掲げる児童委員の職務について、児童の福祉に関する機関と児童委員（主任児童委員である者を除く。以下この項において同じ。）との連絡調整を行うとともに、児童委員の活動に対する援助及び協力を行う。

**第十八条**

2　児童委員は、その担当区域内における児童又は妊産婦に関し、必要な事項につき、その担当区域を管轄する児童相談所長又は市町村長にその状況を通知し、併せて意見を述べなければならない。

3　児童委員が、児童相談所長に前項の通知をするときは、緊急の必要があると認める場合を除き、市町村長を経由するものとする。

4　児童相談所長は、その管轄区域内の児童委員に必要な調査を委嘱することができる。

**第二十一条の十の五**　病院、診療所、児童福祉施設、学校その他児童又は妊産婦の医療、福祉又は教育に関する機関及び医師、歯科医師、保健師、助産師、看護師、児童福祉施設の職員、学校の教職員その他児童又は妊産婦の医療、福祉又は教育に関連する職務に従事する者は、要支援児童等と思われる者を把握したときは、当該者の情報をその現在地の市町村に提供するよう努めなければならない。

2　刑法の秘密漏示罪の規定その他の守秘義務に関する法律の規定は、前項の規定による情報の提供をすることを妨げるものと解釈してはならない。

**第二十五条**　要保護児童を発見した者は、これを市町村、都道府県の設置する福祉事務所若しくは児童相談所又は児童委員を介して市町村、都道府県の設置する福祉事務所若しくは児童相談所に通告しなければならない。ただし、罪を犯した満十四歳以上の児童については、この限りでない。この場合においては、これを家庭裁判所に通告しなければならない。

2　刑法の秘密漏示罪の規定その他の守秘義務に関する法律の規定は、前項の規定による通告をすることを妨げるものと解釈してはならない。

**第二十五条の二**　地方公共団体は、単独で又は共同して、要保護児童（第三十一条第四項に規定する延長者及び第三十三条第十項に規定する保護延長者（次項において「延長者等」という。）を含む。次項において同じ。）の適切な保護又は要支援児童若しくは特定妊婦への適切な支援を図るため、関係機関、関係団体及び児童の福祉に関連する職務に従事する者その他の関係者（以下「関係機関等」という。）により構成される要保護児童対策地域協議会（以下「協議会」という。）を置くように努めなければならない。

2　協議会は、要保護児童若しくは要支援児童及びその保護者（延長者等の親権を行う者、未成年後見人その他の者で、延長者等を現に監護する者を含む。）又は特定妊婦（以下この項及び第五項において「支援対象児童等」という。）に関する情報その他要保護児童の適切な保護又は要支援児童若しくは特定妊婦への適切な支援を図るために必要な情報の交換を行うとともに、支援対象児童等に対する支援の内容に関する協議を行うものとする。

**第二十五条の三**　協議会は、前条第二項に規定する情報の交換及び協議を行うため必要があると認めるときは、関係機関等に対し、資料又は情報の提供、意見の開陳その他必要な協力を求めることができる。

2　関係機関等は、前項の規定に基づき、協議会から資料又は情報の提供、意見の開陳その他必要な協力の求めがあつた場合には、これに応ずるよう努めなければならない。

**第二十五条の五**　次の各号に掲げる協議会を構成する関係機関等の区分に従

い、当該各号に定める者は、正当な理由がなく、協議会の職務に関して知り得た秘密を漏らしてはならない。

一　国又は地方公共団体の機関　当該機関の職員又は職員であつた者

二　法人　当該法人の役員若しくは職員又はこれらの職にあつた者

三　前二号に掲げる者以外の者　協議会を構成する者又はその職にあつた者

**第二十五条の六**　市町村、都道府県の設置する福祉事務所又は児童相談所は、第二十五条第一項の規定による通告を受けた場合において必要があると認めるときは、速やかに、当該児童の状況の把握を行うものとする。

**第二十五条の七**　市町村（次項に規定する町村を除く。）は、要保護児童若しくは要支援児童及びその保護者又は特定妊婦（次項において「要保護児童等」という。）に対する支援の実施状況を的確に把握するものとし、第二十五条第一項の規定による通告を受けた児童及び相談に応じた児童又はその保護者（以下「通告児童等」という。）について、必要があると認めたときは、次の各号のいずれかの措置を採らなければならない。

一　第二十七条の措置を要すると認める者並びに医学的、心理学的、教育学的、社会学的及び精神保健上の判定を要すると認める者は、これを児童相談所に送致すること。

二　通告児童等を当該市町村の設置する福祉事務所の知的障害者福祉法（昭和三十五年法律第三十七号）第九条第六項に規定する知的障害者福祉司（以下「知的障害者福祉司」という。）又は社会福祉主事に指導させること。

三　児童自立生活援助の実施が適当であると認める児童は、これをその実施に係る都道府県知事に報告すること。

四　児童虐待の防止等に関する法律第八条の二第一項の規定による出頭の求め及び調査若しくは質問、第二十九条若しくは同法第九条第一項の規定による立入り及び調査若しくは質問又は第三十三条第一項若しくは第二項の規定による一時保護の実施が適当であると認める者は、これを都道府県知事又は児童相談所長に通知すること。

2　福祉事務所を設置していない町村は、要保護児童等に対する支援の実施状況を的確に把握するものとし、通告児童等又は妊産婦について、必要があると認めたときは、次の各号のいずれかの措置を採らなければならない。

一　第二十七条の措置を要すると認める者並びに医学的、心理学的、教育学的、社会学的及び精神保健上の判定を要すると認める者は、これを児童相談所に送致すること。

二　次条第二号の措置が適当であると認める者は、これを当該町村の属する都道府県の設置する福祉事務所に送致すること。

三　助産の実施又は母子保護の実施が適当であると認める者は、これをそれぞれその実施に係る都道府県知事に報告すること。

四　児童自立生活援助の実施が適当であると認める児童は、これをその実施に係る都道府県知事に報告すること。

五　児童虐待の防止等に関する法律第八条の二第一項の規定による出頭の求め及び調査若しくは質問、第二十九条若しくは同法第九条第一項の規定による立入り及び調査若しくは質問又は第三十三条第一項若しくは第二項の規定による一時保護の実施が適当であると認める者は、これを都道府県知事又は児童相談所長に通知すること。

**第二十五条の八**　都道府県の設置する福祉事務所の長は、第二十五条第一項の規定による通告又は前条第二項第二号若しくは次条第一項第四号の規定による送致を受けた児童及び相談に応じた児童、その保護者又は妊産婦について、必要があると認めたときは、次の各号のいずれかの措置を採らなければならない。

一　第二十七条の措置を要すると認める者並びに医学的、心理学的、教育学的、社会学的及び精神保健上の判定を要すると認める者は、これを児童相談所に送致すること。

二　児童又はその保護者をその福祉事務所の知的障害者福祉司又は社会福祉主事に指導させること。

三　保育の利用等（助産の実施、母子保護の実施又は保育の利用若しくは第二十四条第五項の規定による措置をいう。以下同じ。）が適当であると認める者は、これをそれぞれその保育の利用等に係る都道府県又は市町村の長に報告し、又は通知すること。

四　児童自立生活援助の実施が適当であると認める児童は、これをその実施に係る都道府県知事に報告すること。

五　第二十一条の六の規定による措置が適当であると認める者は、これをその措置に係る市町村の長に報告し、又は通知すること。

**第二十六条**　児童相談所長は、第二十五条第一項の規定による通告を受けた児童、第二十五条の七第一項第一号若しくは第二項第一号、前条第一号又は少年法（昭和二十三年法律第百六十八号）第六条の六第一項若しくは第十八条第一項の規定による送致を受けた児童及び相談に応じた児童、その保護者又は妊産婦について、必要があると認めたときは、次の各号のいずれかの措置を採らなければならない。

一　次条の措置を要すると認める者は、これを都道府県知事に報告すること。

二　児童又はその保護者を児童相談所その他の関係機関若しくは関係団体の事業所若しくは事務所に通わせ当該事業所若しくは事務所において、又は当該児童若しくはその保護者の住所若しくは居所において、児童福祉司若しくは児童委員に指導させ、又は市町村、都道府県以外の者の設置する児童家庭支援センター、都道府県以外の障害者の日常生活及び社会生活を総合的に支援するための法律第五条第十八項に規定する一般相談支援事業若しくは特定相談支援事業（次条第一項第二号及び第三十四条の七において「障害者等相談支援事業」という。）を行う者その他当該指導を適切に行うことができる者として厚生労働省令で定めるものに委託して指導させること。

三　児童及び妊産婦の福祉に関し、情報を提供すること、相談（専門的な知識及び技術を必要とするものを除く。）に応ずること、調査及び指導（医学的、心理学的、教育学的、社会学的及び精神保健上の判定を必要とする場合を除く。）を行うことその他の支援（専門的な知識及び技術を必要とするものを除く。）を行うことを要すると認める者（次条の措置を要すると認める者を除く。）は、これを市町村に送致すること。

四　第二十五条の七第一項第二号又は前条第二号の措置が適当であると認める者は、これを福祉事務所に送致すること。

五　保育の利用等が適当であると認める者は、これをそれぞれその保育の利用等に係る都道府県又は市町村の長に報告し、又は通知すること。

六　児童自立生活援助の実施が適当であると認める児童は、これをその実施に係る都道府県知事に報告すること。

七　第二十一条の六の規定による措置が適当であると認める者は、これをその措置に係る市町村の長に報告し、又は通知すること。

八　放課後児童健全育成事業、子育て短期支援事業、養育支援訪問事業、地域子育て支援拠点事業、子育て援助活動支援事業、子ども・子育て支援法第五十九条第一号に掲げる事業その他市町村が実施する児童の健全な育成に資する事業の実施が適当であると認める者は、これをその事業の実施に係る市町村の長に通知すること。

2　前項第一号の規定による報告書には、児童の住所、氏名、年齢、履歴、性行、健康状態及び家庭環境、同号に規定する措置についての当該児童及びその保護者の意向その他児童の福祉増進に関し、参考となる事項を記載しなければならない。

**第二十七条**　都道府県は、前条第一項第一号の規定による報告又は少年法第十八条第二項の規定による送致のあつた児童につき、次の各号のいずれかの措置を採らなければならない。

一　児童又はその保護者に訓戒を加え、又は誓約書を提出させること。

二　児童又はその保護者を児童相談所その他の関係機関若しくは関係団体の事業所若しくは事務所に通わせ当該事業所若しくは事務所において、又は当該児童若しくはその保護者の住所若しくは居所において、児童福祉司、知的障害者福祉司、社会福祉主事、児童委員若しくは当該都道府県の設置する児童家庭支援センター若しくは当該都道府県が行う障害者等相談支援事業に係る職員に指導させ、又は市町村、当該都道府県以外の者の設置する児童家庭支援センター、当該都道府県以外の障害者等相談支援事業を行う者若しくは前条第一項第二号に規定する厚生労働省令で定める者に委託して指導させること。

三　児童を小規模住居型児童養育事業を行う者若しくは里親に委託し、又は乳児院、児童養護施設、障害児入所施設、児童心理治療施設若しくは児童自立支援施設に入所させること。

四　家庭裁判所の審判に付することが適当であると認める児童は、これを家庭裁判所に送致すること。

2　都道府県は、肢体不自由のある児童又は重症心身障害児については、前項第三号の措置に代えて、指定発達支援医療機関に対し、これらの児童を入院させて障害児入所施設（第四十二条第二号に規定する医療型障害児入所施設に限る。）におけると同様な治療等を行うことを委託することができる。

3　都道府県知事は、少年法第十八条第二項の規定による送致のあつた児童につき、第一項の措置を採るにあたつては、家庭裁判所の決定による指示に従わなければならない。

4　第一項第三号又は第二項の措置は、児童に親権を行う者（第四十七条第一項の規定により親権を行う児童福祉施設の長を除く。以下同じ。）又は未成年後見人があるときは、前項の場合を除いては、その親権を行う者又は未成年後見人の意に反して、これを採ることができない。

5　都道府県知事は、第一項第二号若しくは第三号若しくは第二項の措置を解除し、停止し、又は他の措置に変更する場合には、児童相談所長の意見を聴かなければならない。

6　都道府県知事は、政令の定めるところにより、第一項第一号から第三号までの措置（第三項の規定により採るもの及び第二十八条第一項第一号又は第二号ただし書の規定により採るものを除く。）若しくは第二項の措置を採る場合又は第一項第二号若しくは第三号若しくは第二項の措置を解除し、停止し、若しくは他の措置に変更する場合には、都道府県児童福祉審議会の意見を聴かなければならない。

**第二十七条の二**　都道府県は、少年法第二十四条第一項又は第二十六条の四第一項の規定により同法第二十四条第一項第二号の保護処分の決定を受けた児童につき、当該決定に従つて児童自立支援施設に入所させる措置（保護者の下から通わせて行うものを除く。）又は児童養護施設に入所させる措置を採らなければならない。

**第二十七条の三**　都道府県知事は、たまたま児童の行動の自由を制限し、又はその自由を奪うような強制的措置を必要とするときは、第三十三条、第三十三条の二及び第四十七条の規定により認められる場合を除き、事件を家庭裁判所に送致しなければならない。

**第二十八条**　保護者が、その児童を虐待し、著しくその監護を怠り、その他保護者に監護させることが著しく当該児童の福祉を害する場合において、第二十七条第一項第三号の措置を採ることが児童の親権を行う者又は未成年後見人の意に反するときは、都道府県は、次の各号の措置を採ることができる。

一　保護者が親権を行う者又は未成年後見人であるときは、家庭裁判所の承認を得て、第二十七条第一項第三号の措置を採ること。

二　保護者が親権を行う者又は未成年後見人でないときは、その児童を親権を行う者又は未成年後見人に引き渡すこと。ただし、その児童を親権を行う者又は未成年後見人に引き渡すことが児童の福祉のため不適当であると認めるときは、家庭裁判所の承認を得て、第二十七条第一項第三号の措置を採ること。

2　前項第一号及び第二号ただし書の規定による措置の期間は、当該措置を開始した日から二年を超えてはならない。ただし、当該措置に係る保護者に対する指導措置（第二十七条第一項第二号の措置をいう。以下この条並びに第三十三条第二項及び第九項において同じ。）の効果等に照らし、当該措置を継続しなければ保護者がその児童を虐待し、著しくその監護を怠り、その他著しく当該児童の福祉を害するおそれがあると認めるときは、都道府県は、家庭裁判所の承認を得て、当該期間を更新することができる。

3　都道府県は、前項ただし書の規定による更新に係る承認の申立てをした場合において、やむを得ない事情があるときは、当該措置の期間が満了した後も、当該申立てに対する審判が確定するまでの間、引き続き当該措置を採ることができる。ただし、当該申立てを却下する審判があつた場合は、当該審判の結果を考慮してもなお当該措置を採る必要があると認めるときに限る。

4　家庭裁判所は、第一項第一号若しくは第二号ただし書又は第二項ただし書の承認（以下「措置に関する承認」という。）の申立てがあつた場合は、都道府県に対し、期限を定めて、当該申立てに係る保護者に対する指導措置を採るよう勧告すること、当該申立てに係る保護者に対する指導措置に関し報告及び意見を求めること、又は当該申立てに係る児童及びその保護者に関する必要な資料の提出を求めることができる。

5　家庭裁判所は、前項の規定による勧告を行つたときは、その旨を当該保護者に通知するものとする。

6　家庭裁判所は、措置に関する承認の申立てに対する承認の審判をする場合において、当該措置の終了後の家庭その他の環境の調整を行うため当該保護者に対する指導措置を採ることが相当であると認めるときは、都道府県に対し、当該指導措置を採るよう勧告することができる。

7　家庭裁判所は、第四項の規定による勧告を行つた場合において、措置に関する承認の申立てを却下する審判をするときであつて、家庭その他の環境の調整を行うため当該勧告に係る当該保護者に対する指導措置を採ることが相当であると認めるときは、都道府県に対し、当該指導措置を採るよう勧告することができる。

8　第五項の規定は、前二項の規定による勧告について準用する。

**第二十九条**　都道府県知事は、前条の規定による措置をとるため、必要があると認めるときは、児童委員又は児童の福祉に関する事務に従事する職員をして、児童の住所若しくは居所又は児童の従業する場所に立ち入り、必要な調査又は質問をさせることができる。この場合においては、その身分を証明する証票を携帯させ、関係者の請求があつたときは、これを提示させなければならない。

**第三十条の二**　都道府県知事は、小規模住居型児童養育事業を行う者、里親（第二十七条第一項第三号の規定により委託を受けた里親に限る。第三十三条の八第二項、第三十三条の十、第三十三条の十四第二項、第四十四条の三、第四十五条の二、第四十六条第一項、第四十七条、第四十八条及び第四十八条の三において同じ。）及び児童福祉施設の長並びに前条第一項に規定する者に、児童の保護について、必要な指示をし、又は必要な報告をさせることができる。

**第三十一条**　都道府県等は、第二十三条第一項本文の規定により母子生活支援施設に入所した児童については、その保護者から申込みがあり、かつ、必要があると認めるときは、満二十歳に達するまで、引き続きその者を母子生活支援施設において保護することができる。

2　都道府県は、第二十七条第一項第三号の規定により小規模住居型児童養育事業を行う者若しくは里親に委託され、又は児童養護施設、障害児入所施設（第四十二条第一号に規定する福祉型障害児入所施設に限る。）、児童心理治療施設若しくは児童自立支援施設に入所した児童については満二十歳に達するまで、引き続き同項第三号の規定による委託を継続し、若しくはその者をこれらの児童福祉施設に在所させ、又はこれらの措置を相互に変更する措置を採ることができる。

4　都道府県は、延長者（児童以外の満二十歳に満たない者のうち、次の各号のいずれかに該当するものをいう。）について、第二十七条第一項第一号から第三号まで又は第二項の措置を採ることができる。この場合において、第二十八条の規定の適用については、同条第一項中「保護者が、その児童」とあるのは「第三十一条第四項に規定する延長者（以下この条において「延長者」という。）の親権を行う者、未成年後見人その他の者で、延長者を現に監護する者（以下この条において「延長者の監護者」という。）が、その延長者」と、「保護者に」とあるのは「延長者の監護者に」と、「当該児童」とあるのは「当該延長者」と、「おいて、第二十七条第一項第三号」とあるのは「おいて、同項の規定による第二十七条第一項第三号」と、「児童の親権」とあるのは「延長者の親権」と、同項第一号中「保護者」とあるのは「延長者の監護者」と、「第二十七条第一項第三号」とあるのは「第三十一条第四項の規定による第二十七条第一項第三号」と、同項第二号中「保護者」とあるのは「延長者の監護者」と、「児童」とあるのは「延長者」と、「第二十七条第一項第三号」とあるのは「第三十一条第四項の規定による第二十七条第一項第三号」と、同条第二項ただし書中「保護者」とあるのは「延長者の監護者」と、「第二十七条第一項第二号」とあるのは「第三十一条第四項の規定による第二十七条第一項第二号」と、「児童」とあるのは「延長者」と、同条第四項中「保護者」とあるのは「延長者の監護者」と、「児童」とあるのは「延長者」と、同条第五項から第七項までの規定中「保護者」とあるのは「延長者の監護者」とする。

一　満十八歳に満たないときにされた措置に関する承認の申立てに係る児童であつた者であつて、当該申立てに対する審判が確定していないもの又は当該申立てに対する承認の審判がなされた後において第二十八条第一項第

一号若しくは第二号ただし書若しくは第二項ただし書の規定による措置が採られていないもの

二　第二項からこの項までの規定による措置が採られている者（前号に掲げる者を除く。）

三　第三十三条第八項から第十一項までの規定による一時保護が行われている者（前二号に掲げる者を除く。）

**第三十三条**　児童相談所長は、必要があると認めるときは、第二十六条第一項の措置を採るに至るまで、児童の安全を迅速に確保し適切な保護を図るため、又は児童の心身の状況、その置かれている環境その他の状況を把握するため、児童の一時保護を行い、又は適当な者に委託して、当該一時保護を行わせることができる。

2　都道府県知事は、必要があると認めるときは、第二十七条第一項又は第二項の措置（第二十八条第四項の規定による勧告を受けて採る指導措置を除く。）を採るに至るまで、児童の安全を迅速に確保し適切な保護を図るため、又は児童の心身の状況、その置かれている環境その他の状況を把握するため、児童相談所長をして、児童の一時保護を行わせ、又は適当な者に当該一時保護を行うことを委託させることができる。

3　前二項の規定による一時保護の期間は、当該一時保護を開始した日から二月を超えてはならない。

4　前項の規定にかかわらず、児童相談所長又は都道府県知事は、必要があると認めるときは、引き続き第一項又は第二項の規定による一時保護を行うことができる。

5　前項の規定により引き続き一時保護を行うことが当該児童の親権を行う者又は未成年後見人の意に反する場合においては、児童相談所長又は都道府県知事が引き続き一時保護を行おうとするとき、及び引き続き一時保護を行つた後二月を超えて引き続き一時保護を行おうとするときごとに、児童相談所長又は都道府県知事は、家庭裁判所の承認を得なければならない。ただし、当該児童に係る第二十八条第一項第一号若しくは第二号ただし書の承認の申立て又は当該児童の親権者に係る第三十三条の七の規定による親権喪失若しくは親権停止の審判の請求若しくは当該児童の未成年後見人に係る第三十三条の九の規定による未成年後見人の解任の請求がされている場合は、この限りでない。

6　児童相談所長又は都道府県知事は、前項本文の規定による引き続いての一時保護に係る承認の申立てをした場合において、やむを得ない事情があるときは、一時保護を開始した日から二月を経過した後又は同項の規定により引き続き一時保護を行つた後二月を経過した後も、当該申立てに対する審判が確定するまでの間、引き続き一時保護を行うことができる。ただし、当該申立てを却下する審判があつた場合は、当該審判の結果を考慮してもなお引き続き一時保護を行う必要があると認めるときに限る。

7　前項本文の規定により引き続き一時保護を行つた場合において、第五項本文の規定による引き続いての一時保護に係る承認の申立てに対する審判が確定した場合における同項の規定の適用については、同項中「引き続き一時保護を行おうとするとき、及び引き続き一時保護を行つた」とあるのは、「引き続いての一時保護に係る承認の申立てに対する審判が確定した」とする。

8　児童相談所長は、特に必要があると認めるときは、第一項の規定により一時保護が行われた児童については満二十歳に達するまでの間、次に掲げる措置を採るに至るまで、引き続き一時保護を行い、又は一時保護を行わせることができる。

一　第三十一条第四項の規定による措置を要すると認める者は、これを都道府県知事に報告すること。

二　児童自立生活援助の実施が適当であると認める満二十歳未満義務教育終了児童等は、これをその実施に係る都道府県知事に報告すること。

9　都道府県知事は、特に必要があると認めるときは、第二項の規定により一時保護が行われた児童については満二十歳に達するまでの間、第三十一条第四項の規定による措置（第二十八条第四項の規定による勧告を受けて採る指導措置を除く。第十一項において同じ。）を採るに至るまで、児童相談所長をして、引き続き一時保護を行わせ、又は一時保護を行うことを委託させることができる。

10　児童相談所長は、特に必要があると認めるときは、第八項各号に掲げる措置を採るに至るまで、保護延長者（児童以外の満二十歳に満たない者のうち、次の各号のいずれかに該当するものをいう。以下この項及び次項において同じ。）の安全を迅速に確保し適切な保護を図るため、又は保護延長者の心身の状況、その置かれている環境その他の状況を把握するため、保護延長者の一時保護を行い、又は適当な者に委託して、当該一時保護を行わせることができる。

一　満十八歳に満たないときにされた措置に関する承認の申立てに係る児童であつた者であつて、当該申立てに対する審判が確定していないもの又は当該申立てに対する承認の審判がなされた後において第二十八条第一項第一号若しくは第二号ただし書若しくは第二項ただし書の規定による措置が採られていないもの

二　第三十一条第二項から第四項までの規定による措置が採られている者（前号に掲げる者を除く。）

11　都道府県知事は、特に必要があると認めるときは、第三十一条第四項の規定による措置を採るに至るまで、保護延長者の安全を迅速に確保し適切な保護を図るため、又は保護延長者の心身の状況、その置かれている環境その他の状況を把握するため、児童相談所長をして、保護延長者の一時保護を行わせ、又は適当な者に当該一時保護を行うことを委託させることができる。

12　第八項から前項までの規定による一時保護は、この法律の適用については、第一項又は第二項の規定による一時保護とみなす。

**第三十三条の二**　児童相談所長は、一時保護が行われた児童で親権を行う者又は未成年後見人のないものに対し、親権を行う者又は未成年後見人があるに至るまでの間、親権を行う。ただし、民法第七百九十七条の規定による縁組の承諾をするには、厚生労働省令の定めるところにより、都道府県知事の許可を得なければならない。

2　児童相談所長は、一時保護が行われた児童で親権を行う者又は未成年後見人のあるものについても、監護、教育及び懲戒に関し、その児童の福祉のため必要な措置を採ることができる。ただし、体罰を加えることはできない。

3　前項の児童の親権を行う者又は未成年後見人は、同項の規定による措置を不当に妨げてはならない。

4　第二項の規定による措置は、児童の生命又は身体の安全を確保するため緊

資料編

急の必要があると認めるときは、その親権を行う者又は未成年後見人の意に反しても、これをとることができる。

**第三十三条の六の二**　児童相談所長は、児童について、家庭裁判所に対し、養親としての適格性を有する者との間における特別養子縁組について、家事事件手続法（平成二十三年法律第五十二号）第百六十四条第二項に規定する特別養子適格の確認を請求することができる。

2　児童相談所長は、前項の規定による請求に係る児童について、特別養子縁組によつて養親となることを希望する者が現に存しないときは、養子縁組里親その他の適当な者に対し、当該児童に係る民法第八百十七条の二第一項に規定する請求を行うことを勧奨するよう努めるものとする。

**第三十三条の六の三**　児童相談所長は、児童に係る特別養子適格の確認の審判事件（家事事件手続法第三条の五に規定する特別養子適格の確認の審判事件をいう。）の手続に参加することができる。

2　前項の規定により手続に参加する児童相談所長は、家事事件手続法第四十二条第七項に規定する利害関係参加人とみなす。

**第三十三条の七**　児童等の親権者に係る民法第八百三十四条本文、第八百三十四条の二第一項、第八百三十五条又は第八百三十六条の規定による親権喪失、親権停止若しくは管理権喪失の審判の請求又はこれらの審判の取消しの請求は、これらの規定に定める者のほか、児童相談所長も、これを行うことができる。

**第三十三条の八**　児童相談所長は、親権を行う者のない児童等について、その福祉のため必要があるときは、家庭裁判所に対し未成年後見人の選任を請求しなければならない。

2　児童相談所長は、前項の規定による未成年後見人の選任の請求に係る児童等（小規模住居型児童養育事業を行う者若しくは里親に委託中若しくは児童福祉施設に入所中の児童等又は一時保護中の児童を除く。）に対し、親権を行う者又は未成年後見人があるに至るまでの間、親権を行う。ただし、民法第七百九十七条の規定による縁組の承諾をするには、厚生労働省令の定めるところにより、都道府県知事の許可を得なければならない。

**第三十三条の九**　児童等の未成年後見人に、不正な行為、著しい不行跡その他後見の任務に適しない事由があるときは、民法第八百四十六条の規定による未成年後見人の解任の請求は、同条に定める者のほか、児童相談所長も、これを行うことができる。

**第四十七条**　児童福祉施設の長は、入所中の児童等で親権を行う者又は未成年後見人のないものに対し、親権を行う者又は未成年後見人があるに至るまでの間、親権を行う。ただし、民法第七百九十七条の規定による縁組の承諾をするには、厚生労働省令の定めるところにより、都道府県知事の許可を得なければならない。

2　児童相談所長は、小規模住居型児童養育事業を行う者又は里親に委託中の児童等で親権を行う者又は未成年後見人のないものに対し、親権を行う者又は未成年後見人があるに至るまでの間、親権を行う。ただし、民法第七百九十七条の規定による縁組の承諾をするには、厚生労働省令の定めるところにより、都道府県知事の許可を得なければならない。

3　児童福祉施設の長、その住居において養育を行う第六条の三第八項に規定する厚生労働省令で定める者又は里親は、入所中又は受託中の児童等で親権を行う者又は未成年後見人のあるものについても、監護、教育及び懲戒に関し、その児童等の福祉のため必要な措置をとることができる。ただし、体罰を加えることはできない。

4　前項の児童等の親権を行う者又は未成年後見人は、同項の規定による措置を不当に妨げてはならない。

5　第三項の規定による措置は、児童等の生命又は身体の安全を確保するため緊急の必要があると認めるときは、その親権を行う者又は未成年後見人の意に反しても、これをとることができる。この場合において、児童福祉施設の長、小規模住居型児童養育事業を行う者又は里親は、速やかに、そのとつた措置について、当該児童等に係る通所給付決定若しくは入所給付決定、第二十一条の六、第二十四条第五項若しくは第六項若しくは第二十七条第一項第三号の措置、助産の実施若しくは母子保護の実施又は当該児童に係る子ども・子育て支援法第二十条第四項に規定する教育・保育給付認定を行つた都道府県又は市町村の長に報告しなければならない。

**第四十八条の三**　乳児院、児童養護施設、障害児入所施設、児童心理治療施設

及び児童自立支援施設の長並びに小規模住居型児童養育事業を行う者及び里親は、当該施設に入所し、又は小規模住居型児童養育事業を行う者若しくは里親に委託された児童及びその保護者に対して、市町村、児童相談所、児童家庭支援センター、教育機関、医療機関その他の関係機関との緊密な連携を図りつつ、親子の再統合のための支援その他の当該児童が家庭（家庭における養育環境と同様の養育環境及び良好な家庭的環境を含む。）で養育されるために必要な措置を採らなければならない。

**第五十九条の四**　この法律中都道府県が処理することとされている事務で政令で定めるものは、指定都市及び中核市並びに児童相談所を設置する市（特別区を含む。以下この項において同じ。）として政令で定める市（以下「児童相談所設置市」という。）においては、政令で定めるところにより、指定都市若しくは中核市又は児童相談所設置市（以下「指定都市等」という。）が処理するものとする。この場合においては、この法律中都道府県に関する規定は、指定都市等に関する規定として指定都市等に適用があるものとする。

2　前項の規定により指定都市等の長がした処分（地方自治法第二条第九項第一号に規定する第一号法定受託事務（次項及び第五十九条の六において「第一号法定受託事務」という。）に係るものに限る。）に係る審査請求についての都道府県知事の裁決に不服がある者は、厚生労働大臣に対して再審査請求をすることができる。

3　指定都市等の長が第一項の規定によりその処理することとされた事務のうち第一号法定受託事務に係る処分をする権限をその補助機関である職員又はその管理に属する行政機関の長に委任した場合において、委任を受けた職員又は行政機関の長がその委任に基づいてした処分につき、地方自治法第二百五十五条の二第二項の再審査請求の裁決があつたときは、当該裁決に不服がある者は、同法第二百五十二条の十七の四第五項から第七項までの規定の例により、厚生労働大臣に対して再々審査請求をすることができる。

4　都道府県知事は、児童相談所設置市の長に対し、当該児童相談所の円滑な運営が確保されるように必要な勧告、助言又は援助をすることができる。

5　この法律に定めるもののほか、児童相談所設置市に関し必要な事項は、政令で定める。

**第六十一条**　児童相談所において、相談、調査及び判定に従事した者が、正当の理由なく、その職務上取り扱つたことについて知得した人の秘密を漏らしたときは、これを一年以下の懲役又は五十万円以下の罰金に処する。

# 3　児童虐待の防止等に関する法律（抜粋）

（平成12年５月24日法律第82号）

**最近改正**　令和２年６月10日法律第41号

（目的）

**第一条**　この法律は、児童虐待が児童の人権を著しく侵害し、その心身の成長及び人格の形成に重大な影響を与えるとともに、我が国における将来の世代の育成にも懸念を及ぼすことにかんがみ、児童に対する虐待の禁止、児童虐待の予防及び早期発見その他の児童虐待の防止に関する国及び地方公共団体の責務、児童虐待を受けた児童の保護及び自立の支援のための措置等を定めることにより、児童虐待の防止等に関する施策を促進し、もって児童の権利利益の擁護に資することを目的とする。

（児童虐待の定義）

**第二条**　この法律において、「児童虐待」とは、保護者（親権を行う者、未成年後見人その他の者で、児童を現に監護するものをいう。以下同じ。）がその監護する児童（十八歳に満たない者をいう。以下同じ。）について行う次に掲げる行為をいう。

一　児童の身体に外傷が生じ、又は生じるおそれのある暴行を加えること。

二　児童にわいせつな行為をすること又は児童をしてわいせつな行為をさせること。

三　児童の心身の正常な発達を妨げるような著しい減食又は長時間の放置、保護者以外の同居人による前二号又は次号に掲げる行為と同様の行為の放置その他の保護者としての監護を著しく怠ること。

四　児童に対する著しい暴言又は著しく拒絶的な対応、児童が同居する家庭における配偶者に対する暴力（配偶者（婚姻の届出をしていないが、事実上婚姻関係と同様の事情にある者を含む。）の身体に対する不法な攻撃であって生命又は身体に危害を及ぼすもの及びこれに準ずる心身に有害な影響を及ぼす言動をいう。第十六条において同じ。）その他の児童に著しい心理的外傷を与える言動を行うこと。

（児童に対する虐待の禁止）

**第三条**　何人も、児童に対し、虐待をしてはならない。

（国及び地方公共団体の責務等）

**第四条**　国及び地方公共団体は、児童虐待の予防及び早期発見、迅速かつ適切な児童虐待を受けた児童の保護及び自立の支援（児童虐待を受けた後十八歳となった者に対する自立の支援を含む。第三項及び次条第二項において同じ。）並びに児童虐待を行った保護者に対する親子の再統合の促進への配慮その他の児童虐待を受けた児童が家庭（家庭における養育環境と同様の養育環境及び良好な家庭的環境を含む。）で生活するために必要な配慮をした適切な指導及び支援を行うため、関係省庁相互間又は関係地方公共団体相互間、市町村、児童相談所、福祉事務所、配偶者からの暴力の防止及び被害者の保護等に関する法律（平成十三年法律第三十一号）第三条第一項に規定する配偶者暴力相談支援センター（次条第一項において単に「配偶者暴力相談支援センター」という。）、学校及び医療機関の間その他関係機関及び民間団体の間の連携の強化、民間団体の支援、医療の提供体制の整備その他児童虐待の防止等のために必要な体制の整備に努めなければならない。

6　児童相談所の所長は、児童虐待を受けた児童が住所又は居所を当該児童相談所の管轄区域外に移転する場合においては、当該児童の家庭環境その他の環境の変化による影響に鑑み、当該児童及び当該児童虐待を行った保護者について、その移転の前後において指導、助言その他の必要な支援が切れ目なく行われるよう、移転先の住所又は居所を管轄する児童相談所の所長に対し、速やかに必要な情報の提供を行うものとする。この場合において、当該情報の提供を受けた児童相談所長は、児童福祉法（昭和二十二年法律第百六十四号）第二十五条の二第一項に規定する要保護児童対策地域協議会が速やかに当該情報の交換を行うことができるための措置その他の緊密な連携を図るために必要な措置を講ずるものとする。

7　児童の親権を行う者は、児童を心身ともに健やかに育成することについて第一義的責任を有するものであって、親権を行うに当たっては、できる限り児童の利益を尊重するよう努めなければならない。

（児童虐待の早期発見等）

**第五条**　学校、児童福祉施設、病院、都道府県警察、婦人相談所、教育委員会、配偶者暴力相談支援センターその他児童の福祉に業務上関係のある団体及び学校の教職員、児童福祉施設の職員、医師、歯科医師、保健師、助産師、看護師、弁護士、警察官、婦人相談員その他児童の福祉に職務上関係のある者は、児童虐待を発見しやすい立場にあることを自覚し、児童虐待の早期発見に努めなければならない。

3　第一項に規定する者は、正当な理由がなく、その職務に関して知り得た児童虐待を受けたと思われる児童に関する秘密を漏らしてはならない。

（児童虐待に係る通告）

**第六条**　児童虐待を受けたと思われる児童を発見した者は、速やかに、これを市町村、都道府県の設置する福祉事務所若しくは児童相談所又は児童委員を介して市町村、都道府県の設置する福祉事務所若しくは児童相談所に通告しなければならない。

2　前項の規定による通告は、児童福祉法第二十五条第一項の規定による通告とみなして、同法の規定を適用する。

3　刑法（明治四十年法律第四十五号）の秘密漏示罪の規定その他の守秘義務に関する法律の規定は、第一項の規定による通告をする義務の遵守を妨げるものと解釈してはならない。

（出頭要求等）

**第八条の二**　都道府県知事は、児童虐待が行われているおそれがあると認めるときは、当該児童の保護者に対し、当該児童を同伴して出頭することを求め、児童委員又は児童の福祉に関する事務に従事する職員をして、必要な調査又は質問をさせることができる。この場合においては、その身分を証明する証票を携帯させ、関係者の請求があったときは、これを提示させなければならない。

（立入調査等）

**第九条**　都道府県知事は、児童虐待が行われているおそれがあると認めるときは、児童委員又は児童の福祉に関する事務に従事する職員をして、児童の住所又は居所に立ち入り、必要な調査又は質問をさせることができる。この場合においては、その身分を証明する証票を携帯させ、関係者の請求があったときは、これを提示させなければならない。

（再出頭要求等）

**第九条の二**　都道府県知事は、第八条の二第一項の保護者又は前条第一項の児童の保護者が正当な理由なく同項の規定による児童委員又は児童の福祉に関する事務に従事する職員の立入り又は調査を拒み、妨げ、又は忌避した場合において、児童虐待が行われているおそれがあると認めるときは、当該保護者に対し、当該児童を同伴して出頭することを求め、児童委員又は児童の福祉に関する事務に従事する職員をして、必要な調査又は質問をさせることができる。この場合においては、その身分を証明する証票を携帯させ、関係者の請求があったときは、これを提示させなければならない。

（臨検、捜索等）

**第九条の三**　都道府県知事は、第八条の二第一項の保護者又は第九条第一項の児童の保護者が正当な理由なく同項の規定による児童委員又は児童の福祉に関する事務に従事する職員の立入り又は調査を拒み、妨げ、又は忌避した場合において、児童虐待が行われている疑いがあるときは、当該児童の安全の確認を行い、又はその安全を確保するため、児童の福祉に関する事務に従事する職員をして、当該児童の住所又は居所の所在地を管轄する地方裁判所、家庭裁判所又は簡易裁判所の裁判官があらかじめ発する許可状により、当該児童の住所若しくは居所に臨検させ、又は当該児童を捜索させることができる。

（児童虐待を行った保護者に対する指導等）

**第十一条**　都道府県知事又は児童相談所長は、児童虐待を行った保護者について児童福祉法第二十七条第一項第二号又は第二十六条第一項第二号の規定により指導を行う場合は、当該保護者について、児童虐待の再発を防止するため、医学的又は心理学的知見に基づく指導を行うよう努めるものとする。

7　都道府県は、保護者への指導（第二項の指導及び児童虐待を行った保護者に対する児童福祉法第十一条第一項第二号ニの規定による指導をいう。以下この項において同じ。）を効果的に行うため、同法第十三条第五項に規定する指導教育担当児童福祉司に同項に規定する指導及び教育のほか保護者への指導を行う者に対する専門的技術に関する指導及び教育を行わせるとともに、第八条の二第一項の規定による調査若しくは質問、第九条第一項の規定による立入り及び調査若しくは質問、第九条の二第一項の規定による調査若しくは質問、第九条の三第一項の規定による臨検若しくは捜索又は同条第二項の規定による調査若しくは質問をした児童の福祉に関する事務に従事する職員並びに同法第三十三条第一項又は第二項の規定による児童の一時保護を行った児童福祉司以外の者に当該児童に係る保護者への指導を行わせることその他の必要な措置を講じなければならない。

（面会等の制限等）

**第十二条**　児童虐待を受けた児童について児童福祉法第二十七条第一項第三号の措置（以下「施設入所等の措置」という。）が採られ、又は同法第三十三条第一項若しくは第二項の規定による一時保護が行われた場合において、児童虐待の防止及び児童虐待を受けた児童の保護のため必要があると認めるときは、児童相談所長及び当該児童について施設入所等の措置が採られている場合における当該施設入所等の措置に係る同号に規定する施設の長は、厚生労働省令で定めるところにより、当該児童虐待を行った保護者について、次に掲げる行為の全部又は一部を制限することができる。

一　当該児童との面会

二　当該児童との通信

2　前項の施設の長は、同項の規定による制限を行った場合又は行わなくなった場合は、その旨を児童相談所長に通知するものとする。

3　児童虐待を受けた児童について施設入所等の措置（児童福祉法第二十八条の規定によるものに限る。）が採られ、又は同法第三十三条第一項若しくは第二項の規定による一時保護が行われた場合において、当該児童虐待を行った保護者に対し当該児童の住所又は居所を明らかにしたとすれば、当該保護者が当該児童を連れ戻すおそれがある等再び児童虐待が行われるおそれがあり、又は当該児童の保護に支障をきたすと認めるときは、児童相談所長は、当該保護者に対し、当該児童の住所又は居所を明らかにしないものとする。

**第十二条の四**　都道府県知事又は児童相談所長は、児童虐待を受けた児童について施設入所等の措置が採られ、又は児童福祉法第三十三条第一項若しくは第二項の規定による一時保護が行われ、かつ、第十二条第一項の規定により、当該児童虐待を行った保護者について、同項各号に掲げる行為の全部が制限されている場合において、児童虐待の防止及び児童虐待を受けた児童の保護のため特に必要があると認めるときは、厚生労働省令で定めるところにより、六月を超えない期間を定めて、当該保護者に対し、当該児童の住所若しくは居所、就学する学校その他の場所において当該児童の身辺につきまとい、又は当該児童の住所若しくは居所、就学する学校その他その通常所在する場所（通学路その他の当該児童が日常生活又は社会生活を営むために通常移動する経路を含む。）の付近をはいかいしてはならないことを命ずることができる。

2　都道府県知事又は児童相談所長は、前項に規定する場合において、引き続き児童虐待の防止及び児童虐待を受けた児童の保護のため特に必要があると認めるときは、六月を超えない期間を定めて、同項の規定による命令に係る期間を更新することができる。

（施設入所等の措置の解除等）

**第十三条**　都道府県知事は、児童虐待を受けた児童について施設入所等の措置が採られ、及び当該児童の保護者について児童福祉法第二十七条第一項第二号の措置が採られた場合において、当該児童について採られた施設入所等の措置を解除しようとするときは、当該児童の保護者について同号の指導を行うこととされた児童福祉司等の意見を聴くとともに、当該児童の保護者に対し採られた当該指導の効果、当該児童に対し再び児童虐待が行われることを予防するために採られる措置について見込まれる効果、当該児童の家庭環境その他厚生労働省令で定める事項を勘案しなければならない。

2　都道府県知事は、児童虐待を受けた児童について施設入所等の措置が採られ、又は児童福祉法第三十三条第二項の規定による一時保護が行われた場合において、当該児童について採られた施設入所等の措置又は行われた一時保護を解除するときは、当該児童の保護者に対し、親子の再統合の促進その他の児童虐待を受けた児童が家庭で生活することを支援するために必要な助言を行うことができる。

（施設入所等の措置の解除時の安全確認等）

**第十三条の二**　都道府県は、児童虐待を受けた児童について施設入所等の措置が採られ、又は児童福祉法第三十三条第二項の規定による一時保護が行われた場合において、当該児童について採られた施設入所等の措置若しくは行われた一時保護を解除するとき又は当該児童が一時的に帰宅するときは、必要と認める期間、市町村、児童福祉施設その他の関係機関との緊密な連携を図りつつ、当該児童の家庭を継続的に訪問することにより当該児童の安全の確認を行うとともに、当該児童の保護者からの相談に応じ、当該児童の養育に関する指導、助言その他の必要な支援を行うものとする。

（資料又は情報の提供）

**第十三条の四**　地方公共団体の機関及び病院、診療所、児童福祉施設、学校その他児童の医療、福祉又は教育に関係する機関（地方公共団体の機関を除く。）並びに医師、歯科医師、保健師、助産師、看護師、児童福祉施設の職員、学校の教職員その他児童の医療、福祉又は教育に関連する職務に従事する者は、市町村長、都道府県の設置する福祉事務所の長又は児童相談所長から児童虐待に係る児童又はその保護者の心身の状況、これらの者の置かれている環境その他児童虐待の防止等に係る当該児童、その保護者その他の関係者に関する資料又は情報の提供を求められたときは、当該資料又は情報について、当該市町村長、都道府県の設置する福祉事務所の長又は児童相談所長が児童虐待の防止等に関する事務又は業務の遂行に必要な限度で利用し、かつ、利用することに相当の理由があるときは、これを提供することができる。ただし、当該資料又は情報を提供することによって、当該資料又は情報に係る児童、その保護者その他の関係者又は第三者の権利利益を不当に侵害するおそれがあると認められるときは、この限りでない。

（都道府県児童福祉審議会等への報告）

**第十三条の五**　都道府県知事は、児童福祉法第八条第二項に規定する都道府県児童福祉審議会（同条第一項ただし書に規定する都道府県にあっては、地方社会福祉審議会）に、第九条第一項の規定による立入り及び調査又は質問、臨検等並びに児童虐待を受けた児童に行われた同法第三十三条第一項又は第二項の規定による一時保護の実施状況、児童の心身に著しく重大な被害を及ぼした児童虐待の事例その他の厚生労働省令で定める事項を報告しなければならない。

（親権の行使に関する配慮等）

**第十四条**　児童の親権を行う者は、児童のしつけに際して、体罰を加えることその他民法（明治二十九年法律第八十九号）第八百二十条の規定による監護及び教育に必要な範囲を超える行為により当該児童を懲戒してはならず、当該児童の親権の適切な行使に配慮しなければならない。

（罰則）

**第十八条**　第十二条の四第一項（第十六条第一項の規定によりみなして適用する場合を含む。以下この条において同じ。）の規定による命令（第十二条の四第二項（第十六条第一項の規定によりみなして適用する場合を含む。）の規定により第十二条の四第一項の規定による命令に係る期間が更新された場合における当該命令を含む。）に違反した者は、一年以下の懲役又は百万円以下の罰金に処する。

# 4　少年法（抜粋）

（昭和23年７月15日法律第168号）

**最近改正**　令和元年６月26日法律第46号

（この法律の目的）

**第一条**　この法律は、少年の健全な育成を期し、非行のある少年に対して性格の矯正及び環境の調整に関する保護処分を行うとともに、少年の刑事事件について特別の措置を講ずることを目的とする。

（少年、成人、保護者）

**第二条**　この法律で「少年」とは、二十歳に満たない者をいい、「成人」とは、満二十歳以上の者をいう。

２　この法律で「保護者」とは、少年に対して法律上監護教育の義務ある者及び少年を現に監護する者をいう。

（審判に付すべき少年）

**第三条**　次に掲げる少年は、これを家庭裁判所の審判に付する。

一　罪を犯した少年

二　十四歳に満たないで刑罰法令に触れる行為をした少年

三　次に掲げる事由があつて、その性格又は環境に照して、将来、罪を犯し、又は刑罰法令に触れる行為をする虞のある少年

イ　保護者の正当な監督に服しない性癖のあること。

ロ　正当の理由がなく家庭に寄り附かないこと。

ハ　犯罪性のある人若しくは不道徳な人と交際し、又はいかがわしい場所に出入すること。

ニ　自己又は他人の徳性を害する行為をする性癖のあること。

２　家庭裁判所は、前項第二号に掲げる少年及び同項第三号に掲げる少年で十四歳に満たない者については、都道府県知事又は児童相談所長から送致を受けたときに限り、これを審判に付することができる。

（通告）

**第六条**　家庭裁判所の審判に付すべき少年を発見した者は、これを家庭裁判所

に通告しなければならない。

2　警察官又は保護者は、第三条第一項第三号に掲げる少年について、直接これを家庭裁判所に送致し、又は通告するよりも、先づ児童福祉法（昭和二十二年法律第百六十四号）による措置にゆだねるのが適当であると認めるときは、その少年を直接児童相談所に通告することができる。

（警察官の送致等）

**第六条の六**　警察官は、調査の結果、次の各号のいずれかに該当するときは、当該調査に係る書類とともに事件を児童相談所長に送致しなければならない。

一　第三条第一項第二号に掲げる少年に係る事件について、その少年の行為が次に掲げる罪に係る刑罰法令に触れるものであると思料するとき。

イ　故意の犯罪行為により被害者を死亡させた罪

ロ　イに掲げるもののほか、死刑又は無期若しくは短期二年以上の懲役若しくは禁錮に当たる罪

二　前号に掲げるもののほか、第三条第一項第二号に掲げる少年に係る事件について、家庭裁判所の審判に付することが適当であると思料するとき。

2　警察官は、前項の規定により児童相談所長に送致した事件について、児童福祉法第二十七条第一項第四号の措置がとられた場合において、証拠物があるときは、これを家庭裁判所に送付しなければならない。

3　警察官は、第一項の規定により事件を送致した場合を除き、児童福祉法第二十五条第一項の規定により調査に係る少年を児童相談所に通告するときは、国家公安委員会規則の定めるところにより、児童相談所に対し、同法による措置をとるについて参考となる当該調査の概要及び結果を通知するものとする。

（都道府県知事又は児童相談所長の送致）

**第六条の七**　都道府県知事又は児童相談所長は、前条第一項（第一号に係る部分に限る。）の規定により送致を受けた事件については、児童福祉法第二十七条第一項第四号の措置をとらなければならない。ただし、調査の結果、その必要がないと認められるときは、この限りでない。

2　都道府県知事又は児童相談所長は、児童福祉法の適用がある少年について、たまたま、その行動の自由を制限し、又はその自由を奪うような強制的措置

を必要とするときは、同法第三十三条、第三十三条の二及び第四十七条の規定により認められる場合を除き、これを家庭裁判所に送致しなければならない。

（家庭裁判所調査官の報告）

**第七条**　家庭裁判所調査官は、家庭裁判所の審判に付すべき少年を発見したときは、これを裁判官に報告しなければならない。

2　家庭裁判所調査官は、前項の報告に先だち、少年及び保護者について、事情を調査することができる。

（事件の調査）

**第八条**　家庭裁判所は、第六条第一項の通告又は前条第一項の報告により、審判に付すべき少年があると思料するときは、事件について調査しなければならない。検察官、司法警察員、警察官、都道府県知事又は児童相談所長から家庭裁判所の審判に付すべき少年事件の送致を受けたときも、同様とする。

2　家庭裁判所は、家庭裁判所調査官に命じて、少年、保護者又は参考人の取調その他の必要な調査を行わせることができる。

（調査の方針）

**第九条**　前条の調査は、なるべく、少年、保護者又は関係人の行状、経歴、素質、環境等について、医学、心理学、教育学、社会学その他の専門的智識特に少年鑑別所の鑑別の結果を活用して、これを行うように努めなければならない。

（援助、協力）

**第十六条**　家庭裁判所は、調査及び観察のため、警察官、保護観察官、保護司、児童福祉司（児童福祉法第十二条の三第二項第六号に規定する児童福祉司をいう。第二十六条第一項において同じ。）又は児童委員に対して、必要な援助をさせることができる。

2　家庭裁判所は、その職務を行うについて、公務所、公私の団体、学校、病院その他に対して、必要な協力を求めることができる。

（児童福祉法の措置）

**第十八条**　家庭裁判所は、調査の結果、児童福祉法の規定による措置を相当と認めるときは、決定をもつて、事件を権限を有する都道府県知事又は児童相談所長に送致しなければならない。

2　第六条の七第二項の規定により、都道府県知事又は児童相談所長から送致を受けた少年については、決定をもつて、期限を付して、これに対してとるべき保護の方法その他の措置を指示して、事件を権限を有する都道府県知事又は児童相談所長に送致することができる。

（審判開始の決定）

**第二十一条**　家庭裁判所は、調査の結果、審判を開始するのが相当であると認めるときは、その旨の決定をしなければならない。

（審判の方式）

**第二十二条**　審判は、懇切を旨として、和やかに行うとともに、非行のある少年に対し自己の非行について内省を促すものとしなければならない。

2　審判は、これを公開しない。

3　審判の指揮は、裁判長が行う。

（検察官の関与）

**第二十二条の二**　家庭裁判所は、第三条第一項第一号に掲げる少年に係る事件であつて、死刑又は無期若しくは長期三年を超える懲役若しくは禁錮に当たる罪のものにおいて、その非行事実を認定するための審判の手続に検察官が関与する必要があると認めるときは、決定をもつて、審判に検察官を出席させることができる。

2　家庭裁判所は、前項の決定をするには、検察官の申出がある場合を除き、あらかじめ、検察官の意見を聴かなければならない。

3　検察官は、第一項の決定があつた事件において、その非行事実の認定に資するため必要な限度で、最高裁判所規則の定めるところにより、事件の記録及び証拠物を閲覧し及び謄写し、審判の手続（事件を終局させる決定の告知を含む。）に立ち会い、少年及び証人その他の関係人に発問し、並びに意見を述べることができる。

（国選付添人）

**第二十二条の三**　家庭裁判所は、前条第一項の決定をした場合において、少年に弁護士である付添人がないときは、弁護士である付添人を付さなければならない。

2　家庭裁判所は、第三条第一項第一号に掲げる少年に係る事件であつて前条第一項に規定する罪のもの又は第三条第一項第二号に掲げる少年に係る事件であつて前条第一項に規定する罪に係る刑罰法令に触れるものについて、第十七条第一項第二号の措置がとられており、かつ、少年に弁護士である付添人がない場合において、事案の内容、保護者の有無その他の事情を考慮し、審判の手続に弁護士である付添人が関与する必要があると認めるときは、弁護士である付添人を付することができる。

（被害者等による少年審判の傍聴）

**第二十二条の四**　家庭裁判所は、最高裁判所規則の定めるところにより第三条第一項第一号に掲げる少年に係る事件であつて次に掲げる罪のもの又は同項第二号に掲げる少年（十二歳に満たないで刑罰法令に触れる行為をした少年を除く。次項において同じ。）に係る事件であつて次に掲げる罪に係る刑罰法令に触れるもの（いずれも被害者を傷害した場合にあつては、これにより生命に重大な危険を生じさせたときに限る。）の被害者等から、審判期日における審判の傍聴の申出がある場合において、少年の年齢及び心身の状態、事件の性質、審判の状況その他の事情を考慮して、少年の健全な育成を妨げるおそれがなく相当と認めるときは、その申出をした者に対し、これを傍聴することを許すことができる。

一　故意の犯罪行為により被害者を死傷させた罪

二　刑法（明治四十年法律第四十五号）第二百十一条（業務上過失致死傷等）の罪

三　自動車の運転により人を死傷させる行為等の処罰に関する法律（平成二十五年法律第八十六号）第四条、第五条又は第六条第三項若しくは第四項の罪

（保護処分の決定）

**第二十四条**　家庭裁判所は、前条の場合を除いて、審判を開始した事件につき、決定をもつて、次に掲げる保護処分をしなければならない。ただし、決定の時に十四歳に満たない少年に係る事件については、特に必要と認める場合に限り、第三号の保護処分をすることができる。

一　保護観察所の保護観察に付すること。

二　児童自立支援施設又は児童養護施設に送致すること。
三　少年院に送致すること。

# 5　民法（抜粋）

（明治29年４月27日法律第89号）

**最近改正**　令和元年12月11日法律第71号

（成年）

**第四条**　年齢十八歳をもって、成年とする。

（特別養子縁組の成立）

**第八百十七条の二**　家庭裁判所は、次条から第八百十七条の七までに定める要件があるときは、養親となる者の請求により、実方の血族との親族関係が終了する縁組（以下この款において「特別養子縁組」という。）を成立させることができる。

２　前項に規定する請求をするには、第七百九十四条又は第七百九十八条の許可を得ることを要しない。

（養親の夫婦共同縁組）

**第八百十七条の三**　養親となる者は、配偶者のある者でなければならない。

２　夫婦の一方は、他の一方が養親とならないときは、養親となることができない。ただし、夫婦の一方が他の一方の嫡出である子（特別養子縁組以外の縁組による養子を除く。）の養親となる場合は、この限りでない。

（養親となる者の年齢）

**第八百十七条の四**　二十五歳に達しない者は、養親となることができない。ただし、養親となる夫婦の一方が二十五歳に達していない場合においても、その者が二十歳に達しているときは、この限りでない。

（養子となる者の年齢）

**第八百十七条の五**　第八百十七条の二に規定する請求の時に十五歳に達している者は、養子となることができない。特別養子縁組が成立するまでに十八歳に達した者についても、同様とする。

２　前項前段の規定は、養子となる者が十五歳に達する前から引き続き養親となる者に監護されている場合において、十五歳に達するまでに第八百十七条の二に規定する請求がされなかったことについてやむを得ない事由があるときは、適用しない。

3　養子となる者が十五歳に達している場合においては、特別養子縁組の成立には、その者の同意がなければならない。

（父母の同意）

**第八百十七条の六**　特別養子縁組の成立には、養子となる者の父母の同意がなければならない。ただし、父母がその意思を表示することができない場合又は父母による虐待、悪意の遺棄その他養子となる者の利益を著しく害する事由がある場合は、この限りでない。

（子の利益のための特別の必要性）

**第八百十七条の七**　特別養子縁組は、父母による養子となる者の監護が著しく困難又は不適当であることその他特別の事情がある場合において、子の利益のため特に必要があると認めるときに、これを成立させるものとする。

（監護の状況）

**第八百十七条の八**　特別養子縁組を成立させるには、養親となる者が養子となる者を六箇月以上の期間監護した状況を考慮しなければならない。

2　前項の期間は、第八百十七条の二に規定する請求の時から起算する。ただし、その請求前の監護の状況が明らかであるときは、この限りでない。

（親権者）

**第八百十八条**　成年に達しない子は、父母の親権に服する。

2　子が養子であるときは、養親の親権に服する。

3　親権は、父母の婚姻中は、父母が共同して行う。ただし、父母の一方が親権を行うことができないときは、他の一方が行う。

（監護及び教育の権利義務）

**第八百二十条**　親権を行う者は、子の利益のために子の監護及び教育をする権利を有し、義務を負う。

（居所の指定）

**第八百二十一条**　子は、親権を行う者が指定した場所に、その居所を定めなければならない。

（懲戒）

**第八百二十二条**　親権を行う者は、第八百二十条の規定による監護及び教育に必要な範囲内でその子を懲戒することができる。

（職業の許可）

**第八百二十三条**　子は、親権を行う者の許可を得なければ、職業を営むことができない。

2　親権を行う者は、第六条第二項の場合には、前項の許可を取り消し、又はこれを制限することができる。

（財産の管理及び代表）

**第八百二十四条**　親権を行う者は、子の財産を管理し、かつ、その財産に関する法律行為についてその子を代表する。ただし、その子の行為を目的とする債務を生ずべき場合には、本人の同意を得なければならない。

（親権喪失の審判）

**第八百三十四条**　父又は母による虐待又は悪意の遺棄があるときその他父又は母による親権の行使が著しく困難又は不適当であることにより子の利益を著しく害するときは、家庭裁判所は、子、その親族、未成年後見人、未成年後見監督人又は検察官の請求により、その父又は母について、親権喪失の審判をすることができる。ただし、二年以内にその原因が消滅する見込みがあるときは、この限りでない。

（親権停止の審判）

**第八百三十四条の二**　父又は母による親権の行使が困難又は不適当であることにより子の利益を害するときは、家庭裁判所は、子、その親族、未成年後見人、未成年後見監督人又は検察官の請求により、その父又は母について、親権停止の審判をすることができる。

2　家庭裁判所は、親権停止の審判をするときは、その原因が消滅するまでに要すると見込まれる期間、子の心身の状態及び生活の状況その他一切の事情を考慮して、二年を超えない範囲内で、親権を停止する期間を定める。

（管理権喪失の審判）

**第八百三十五条**　父又は母による管理権の行使が困難又は不適当であることにより子の利益を害するときは、家庭裁判所は、子、その親族、未成年後見人、未成年後見監督人又は検察官の請求により、その父又は母について、管理権喪失の審判をすることができる。

# 6　母子保健法（抜粋）

（昭和40年８月18日法律第141号）

**最近改正**　令和元年12月６日法律第69号

（国及び地方公共団体の責務）

**第五条**　国及び地方公共団体は、母性並びに乳児及び幼児の健康の保持及び増進に努めなければならない。

２　国及び地方公共団体は、母性並びに乳児及び幼児の健康の保持及び増進に関する施策を講ずるに当たつては、当該施策が乳児及び幼児に対する虐待の予防及び早期発見に資するものであることに留意するとともに、その施策を通じて、前三条に規定する母子保健の理念が具現されるように配慮しなければならない。

**第二十二条**　市町村は、必要に応じ、母子健康包括支援センターを設置するように努めなければならない。

２　母子健康包括支援センターは、第一号から第四号までに掲げる事業を行い、又はこれらの事業に併せて第五号に掲げる事業を行うことにより、母性並びに乳児及び幼児の健康の保持及び増進に関する包括的な支援を行うことを目的とする施設とする。

一　母性並びに乳児及び幼児の健康の保持及び増進に関する支援に必要な実情の把握を行うこと。

二　母子保健に関する各種の相談に応ずること。

三　母性並びに乳児及び幼児に対する保健指導を行うこと。

四　母性及び児童の保健医療又は福祉に関する機関との連絡調整その他母性並びに乳児及び幼児の健康の保持及び増進に関し、厚生労働省令で定める支援を行うこと。

五　健康診査、助産その他の母子保健に関する事業を行うこと（前各号に掲げる事業を除く。）。

３　市町村は、母子健康包括支援センターにおいて、第九条の相談、指導及び助言並びに第十条の保健指導を行うに当たつては、児童福祉法第二十一条の十一第一項の情報の収集及び提供、相談並びに助言並びに同条第二項のあっせん、調整及び要請と一体的に行うように努めなければならない。

## 7　配偶者からの暴力の防止及び被害者の保護等に関する法律（通称DV防止法）（抜粋）

（平成13年４月13日法律第31号）

**最近改正**　令和元年６月26日法律第46号

我が国においては、日本国憲法に個人の尊重と法の下の平等がうたわれ、人権の擁護と男女平等の実現に向けた取組が行われている。

ところが、配偶者からの暴力は、犯罪となる行為をも含む重大な人権侵害であるにもかかわらず、被害者の救済が必ずしも十分に行われてこなかった。また、配偶者からの暴力の被害者は、多くの場合女性であり、経済的自立が困難である女性に対して配偶者が暴力を加えることは、個人の尊厳を害し、男女平等の実現の妨げとなっている。

このような状況を改善し、人権の擁護と男女平等の実現を図るためには、配偶者からの暴力を防止し、被害者を保護するための施策を講ずることが必要である。このことは、女性に対する暴力を根絶しようと努めている国際社会における取組にも沿うものである。

ここに、配偶者からの暴力に係る通報、相談、保護、自立支援等の体制を整備することにより、配偶者からの暴力の防止及び被害者の保護を図るため、この法律を制定する。

（定義）

**第一条**　この法律において「配偶者からの暴力」とは、配偶者からの身体に対する暴力（身体に対する不法な攻撃であって生命又は身体に危害を及ぼすものをいう。以下同じ。）又はこれに準ずる心身に有害な影響を及ぼす言動（以下この項及び第二十八条の二において「身体に対する暴力等」と総称する。）をいい、配偶者からの身体に対する暴力等を受けた後に、その者が離婚をし、又はその婚姻が取り消された場合にあっては、当該配偶者であった者から引き続き受ける身体に対する暴力等を含むものとする。

2　この法律において「被害者」とは、配偶者からの暴力を受けた者をいう。

3　この法律にいう「配偶者」には、婚姻の届出をしていないが事実上婚姻関係と同様の事情にある者を含み、「離婚」には、婚姻の届出をしていないが事実上婚姻関係と同様の事情にあった者が、事実上離婚したと同様の事情に入ることを含むものとする。

（国及び地方公共団体の責務）

**第二条**　国及び地方公共団体は、配偶者からの暴力を防止するとともに、被害者の自立を支援することを含め、その適切な保護を図る責務を有する。

（配偶者暴力相談支援センター）

**第三条**　都道府県は、当該都道府県が設置する婦人相談所その他の適切な施設において、当該各施設が配偶者暴力相談支援センターとしての機能を果たすようにするものとする。

2　市町村は、当該市町村が設置する適切な施設において、当該各施設が配偶者暴力相談支援センターとしての機能を果たすようにするよう努めるものとする。

3　配偶者暴力相談支援センターは、配偶者からの暴力の防止及び被害者の保護のため、次に掲げる業務を行うものとする。

一　被害者に関する各般の問題について、相談に応ずること又は婦人相談員若しくは相談を行う機関を紹介すること。

二　被害者の心身の健康を回復させるため、医学的又は心理学的な指導その他の必要な指導を行うこと。

三　被害者（被害者がその家族を同伴する場合にあっては、被害者及びその同伴する家族。次号、第六号、第五条、第八条の三及び第九条において同じ。）の緊急時における安全の確保及び一時保護を行うこと。

四　被害者が自立して生活することを促進するため、就業の促進、住宅の確保、援護等に関する制度の利用等について、情報の提供、助言、関係機関との連絡調整その他の援助を行うこと。

五　第四章に定める保護命令の制度の利用について、情報の提供、助言、関係機関への連絡その他の援助を行うこと。

六　被害者を居住させ保護する施設の利用について、情報の提供、助言、関係機関との連絡調整その他の援助を行うこと。

4　前項第三号の一時保護は、婦人相談所が、自ら行い、又は厚生労働大臣が定める基準を満たす者に委託して行うものとする。

5　配偶者暴力相談支援センターは、その業務を行うに当たっては、必要に応じ、配偶者からの暴力の防止及び被害者の保護を図るための活動を行う民間の団体との連携に努めるものとする。

（婦人相談員による相談等）

**第四条**　婦人相談員は、被害者の相談に応じ、必要な指導を行うことができる。

（婦人保護施設における保護）

**第五条**　都道府県は、婦人保護施設において被害者の保護を行うことができる。

（配偶者からの暴力の発見者による通報等）

**第六条**　配偶者からの暴力（配偶者又は配偶者であった者からの身体に対する暴力に限る。以下この章において同じ。）を受けている者を発見した者は、その旨を配偶者暴力相談支援センター又は警察官に通報するよう努めなければならない。

2　医師その他の医療関係者は、その業務を行うに当たり、配偶者からの暴力によって負傷し又は疾病にかかったと認められる者を発見したときは、その旨を配偶者暴力相談支援センター又は警察官に通報することができる。この場合において、その者の意思を尊重するよう努めるものとする。

3　刑法（明治四十年法律第四十五号）の秘密漏示罪の規定その他の守秘義務に関する法律の規定は、前二項の規定により通報することを妨げるものと解釈してはならない。

4　医師その他の医療関係者は、その業務を行うに当たり、配偶者からの暴力によって負傷し又は疾病にかかったと認められる者を発見したときは、その者に対し、配偶者暴力相談支援センター等の利用について、その有する情報を提供するよう努めなければならない。

（警察官による被害の防止）

**第八条**　警察官は、通報等により配偶者からの暴力が行われていると認めるときは、警察法（昭和二十九年法律第百六十二号）、警察官職務執行法（昭和二十三年法律第百三十六号）その他の法令の定めるところにより、暴力の制止、被害者の保護その他の配偶者からの暴力による被害の発生を防止するために必要な措置を講ずるよう努めなければならない。

（警察本部長等の援助）

**第八条の二**　警視総監若しくは道府県警察本部長（道警察本部の所在地を包括する方面を除く方面については、方面本部長。第十五条第三項において同じ。）又は警察署長は、配偶者からの暴力を受けている者から、配偶者からの暴力による被害を自ら防止するための援助を受けたい旨の申出があり、その申出を相当と認めるときは、当該配偶者からの暴力を受けている者に対し、国家公安委員会規則で定めるところにより、当該被害を自ら防止するための措置の教示その他配偶者からの暴力による被害の発生を防止するために必要な援助を行うものとする。

（福祉事務所による自立支援）

**第八条の三**　社会福祉法（昭和二十六年法律第四十五号）に定める福祉に関する事務所（次条において「福祉事務所」という。）は、生活保護法（昭和二十五年法律第百四十四号）、児童福祉法（昭和二十二年法律第百六十四号）、母子及び父子並びに寡婦福祉法（昭和三十九年法律第百二十九号）その他の法令の定めるところにより、被害者の自立を支援するために必要な措置を講ずるよう努めなければならない。

（被害者の保護のための関係機関の連携協力）

**第九条**　配偶者暴力相談支援センター、都道府県警察、福祉事務所、児童相談所その他の都道府県又は市町村の関係機関その他の関係機関は、被害者の保護を行うに当たっては、その適切な保護が行われるよう、相互に連携を図りながら協力するよう努めるものとする。

# 8　相談機関一覧

## (1)　全国児童相談所一覧

（令和２年７月１日現在）

| 都道府県政令指定都市児童相談所設置市 | 児童相談所 | 郵便番号 | 住　　所 | 電話番号 |
|---|---|---|---|---|
| 1　北海道 | 中央児童相談所 | 064-8564 | 札幌市中央区円山西町2-1-1 | 011-631-0301 |
| | 旭川児童相談所 | 070-0040 | 旭川市10条通11 | 0166-23-8195 |
| | 稚内分室 | 097-0002 | 稚内市潮見1-11 | 0162-32-6171 |
| | 帯広児童相談所 | 080-0801 | 帯広市東1条南1-1-2 | 0155-22-5100 |
| | 釧路児童相談所 | 085-0805 | 釧路市桜ヶ岡1-4-32 | 0154-92-3717 |
| | 函館児童相談所 | 040-8552 | 函館市中島町37-8 | 0138-54-4152 |
| | 北見児童相談所 | 090-0061 | 北見市東陵町36-3 | 0157-24-3498 |
| | 岩見沢児童相談所 | 068-0828 | 岩見沢市鳩が丘1-9-16 | 0126-22-1119 |
| | 室蘭児童相談所 | 050-0082 | 室蘭市寿町1-6-12 | 0143-44-4152 |
| 2　青森 | 中央児童相談所 | 038-0003 | 青森市石江字江渡5-1 | 017-781-9744 |
| | 弘前児童相談所 | 036-8356 | 弘前市下銀町14-2 | 0172-36-7474 |
| | 八戸児童相談所 | 039-1101 | 八戸市大字尻内町字鴨田7 | 0178-27-2271 |
| | 五所川原児童相談所 | 037-0046 | 五所川原市栄町10 | 0173-38-1555 |
| | 七戸児童相談所 | 039-2574 | 上北郡七戸町字蛇坂55-1 | 0176-60-8086 |
| | むつ児童相談所 | 035-0073 | むつ市中央1-1-8 | 0175-23-5975 |
| 3　岩手 | 福祉総合相談センター | 020-0015 | 盛岡市本町通3-19-1 | 019-629-9600 |
| | 宮古児童相談所 | 027-0075 | 宮古市和見町9-29 | 0193-62-4059 |
| | 一関児童相談所 | 021-0027 | 一関市竹山町5-28 | 0191-21-0560 |
| 4　宮城 | 中央児童相談所 | 981-1217 | 名取市美田園2-1-4 | 022-784-3583 |
| | 東部児童相談所 | 986-0850 | 石巻市あゆみ野5-7 | 0225-95-1121 |
| | 気仙沼支所 | 988-0066 | 気仙沼市東新城3-3-3 | 0226-21-1020 |
| | 北部児童相談所 | 989-6161 | 大崎市古川駅南2-4-3 | 0229-22-0030 |
| 5　秋田 | 中央児童相談所 | 010-1602 | 秋田市新屋下川原町1-1 | 018-862-7311 |
| | 北児童相談所 | 018-5601 | 大館市十二所字平内新田237-1 | 0186-52-3956 |
| | 南児童相談所 | 013-8503 | 横手市旭川1-3-16 | 0182-32-0500 |
| 6　山形 | 福祉相談センター | 990-0031 | 山形市十日町1-6-6 | 023-627-1195 |
| | 庄内児童相談所 | 997-0013 | 鶴岡市道形町49-6 | 0235-22-0790 |
| 7　福島 | 中央児童相談所 | 960-8002 | 福島市森合町10-9 | 024-534-5101 |
| | 県中児童相談所 | 963-8540 | 郡山市麓山1-1-1 | 024-935-0611 |
| | 白河相談室 | 961-0074 | 白河市字郭内127 | 0248-22-5648 |
| | 会津児童相談所 | 965-0003 | 会津若松市一箕町大字八幡字門田1-3 | 0242-23-1400 |

資料編

| | | | | |
|---|---|---|---|---|
| | 南会津相談室 | 967-0004 | 南会津町田島字天道沢甲2542-2 | 0241-63-0309 |
| | 浜児童相談所 | 970-8033 | いわき市自由が丘38-15 | 0246-28-3346 |
| | 南相馬相談室 | 975-0031 | 南相馬市原町区錦町1-30 | 0244-26-1135 |
| 8　茨城 | 中央児童相談所 | 310-0005 | 水戸市水府町864-16 | 029-221-4150 |
| | 日立児童相談所 | 317-0072 | 日立市弁天町3-4-7 | 0294-22-0294 |
| | 鉾田児童相談所 | 311-1517 | 鉾田市鉾田1367-3 | 0291-33-4119 |
| | 土浦児童相談所 | 300-0812 | 土浦市下高津3-14-5 | 029-821-4595 |
| | 筑西児童相談所 | 308-0841 | 筑西市二木成615 | 0296-24-1614 |
| 9　栃木 | 中央児童相談所 | 320-0071 | 宇都宮市野沢町4-1 | 028-665-7830 |
| | 県南児童相談所 | 328-0042 | 栃木市沼和田町17-22 | 0282-24-6121 |
| | 県北児童相談所 | 329-2723 | 那須塩原市南町7-20 | 0287-36-1058 |
| 10　群馬 | 中央児童相談所 | 379-2166 | 前橋市野中町360-1 | 027-261-1000 |
| | 北部支所 | 377-0027 | 渋川市金井394 | 0279-20-1010 |
| | 西部児童相談所 | 370-0829 | 高崎市高松町6 | 027-322-2498 |
| | 東部児童相談所 | 373-0033 | 太田市西本町41-34 | 0276-31-3721 |
| 11　埼玉 | 中央児童相談所 | 362-0013 | 上尾市上尾村1242-1 | 048-775-4152 |
| | 南児童相談所 | 333-0848 | 川口市芝下1-1-56 | 048-262-4152 |
| | 川越児童相談所 | 350-0838 | 川越市宮元町33-1 | 049-223-4152 |
| | 所沢児童相談所 | 359-0042 | 所沢市並木1-9-2 | 04-2992-4152 |
| | 熊谷児童相談所 | 360-0014 | 熊谷市箱田5-12-1 | 048-521-4152 |
| | 越谷児童相談所 | 343-0033 | 越谷市恩間402-1 | 048-975-4152 |
| | 草加児童相談所 | 340-0035 | 草加市西町425-2 | 048-920-4152 |
| 12　千葉 | 中央児童相談所 | 263-0016 | 千葉市稲毛区天台1-10-3 | 043-253-4101 |
| | 市川児童相談所 | 272-0026 | 市川市東大和田2-8-6 | 047-370-1077 |
| | 柏児童相談所 | 277-0831 | 柏市根戸445-12 | 04-7131-7175 |
| | 銚子児童相談所 | 288-0813 | 銚子市台町2183 | 0479-23-0076 |
| | 東上総児童相談所 | 297-0029 | 茂原市高師3007-6 | 0475-27-1733 |
| | 君津児童相談所 | 299-1151 | 君津市中野4-18-9 | 0439-55-3100 |
| 13　東京 | 児童相談センター | 169-0074 | 新宿区北新宿4-6-1 | 03-5937-2302 |
| | 北児童相談所 | 114-0002 | 北区王子6-1-12 | 03-3913-5421 |
| | 品川児童相談所 | 140-0001 | 品川区北品川3-7-21 | 03-3474-5442 |
| | 立川児童相談所 | 190-0012 | 立川市曙町3-10-19 | 042-523-1321 |
| | 江東児童相談所 | 135-0051 | 江東区枝川3-6-9 | 03-3640-5432 |
| | 杉並児童相談所 | 167-0052 | 杉並区南荻窪4-23-6 | 03-5370-6001 |
| | 小平児童相談所 | 187-0002 | 小平市花小金井1-31-24 | 042-467-3711 |
| | 八王子児童相談所 | 193-0931 | 八王子市台町3-17-30 | 042-624-1141 |
| | 足立児童相談所 | 123-0872 | 足立区江北3-8-12 | 03-3854-1181 |
| | 多摩児童相談所 | 206-0024 | 多摩市諏訪2-6 | 042-372-5600 |
| 14　神奈川 | 中央児童相談所 | 252-0813 | 藤沢市亀井野3119 | 0466-84-1600 |

| | | | | |
|---|---|---|---|---|
| | 平塚児童相談所 | 254-0075 | 平塚市中原3-1-6 | 0463-73-6888 |
| | 鎌倉三浦地域児童相談所 | 238-0006 | 横須賀市日の出町1-4-7 | 046-828-7050 |
| | 小田原児童相談所 | 250-0042 | 小田原市荻窪350-1 | 0465-32-8000 |
| | 厚木児童相談所 | 243-0004 | 厚木市水引2-3-1 | 046-224-1111 |
| 15　新潟 | 中央児童相談所 | 950-0121 | 新潟市江南区亀田向陽4-2-1 | 025-381-1111 |
| | 長岡児童相談所 | 940-0857 | 長岡市沖田1-237 | 0258-35-8500 |
| | 上越児童相談所 | 943-0807 | 上越市春日山町3-4-17 | 025-524-3355 |
| | 新発田児童相談所 | 957-8511 | 新発田市豊町3-3-2 | 0254-26-9131 |
| | 南魚沼児童相談所 | 949-6680 | 南魚沼市六日町620-2 | 025-770-2400 |
| 16　富山 | 富山児童相談所 | 930-0964 | 富山市東石金町4-52 | 076-423-4000 |
| | 高岡児童相談所 | 933-0045 | 高岡市本丸町12-12 | 0766-21-2124 |
| 17　石川 | 中央児童相談所 | 920-8557 | 金沢市本多町3-1-10 | 076-223-9553 |
| | 七尾児童相談所 | 926-0031 | 七尾市古府町そ部8番1 | 0767-53-0811 |
| 18　福井 | 総合福祉相談所 | 910-0026 | 福井市光陽2-3-36 | 0776-24-5138 |
| | 敦賀児童相談所 | 914-0074 | 敦賀市角鹿町1-32 | 0770-22-0858 |
| 19　山梨 | 中央児童相談所 | 400-0005 | 甲府市北新1-2-12 | 055-254-8617 |
| | 都留児童相談所 | 402-0054 | 都留市田原3-5-24 | 0554-45-7838 |
| 20　長野 | 中央児童相談所 | 380-0872 | 長野市大字南長野妻科144 | 026-238-8010 |
| | 松本児童相談所 | 390-1401 | 松本市波田9986 | 0263-91-3370 |
| | 飯田児童相談所 | 395-0157 | 飯田市大瀬木1107-54 | 0265-25-8300 |
| | 諏訪児童相談所 | 392-0131 | 諏訪市湖南3248-3 | 0266-52-0056 |
| | 佐久児童相談所 | 385-0022 | 佐久市岩村田3152-1 | 0267-67-3437 |
| 21　岐阜 | 中央子ども相談センター | 502-0854 | 岐阜市鷺山向井2563-79 | 058-273-1111 |
| | 西濃子ども相談センター | 503-0852 | 大垣市禾森町5-1458-10 | 0584-78-4838 |
| | 中濃子ども相談センター | 505-8508 | 美濃加茂市古井町下古井2610-1 | 0574-25-3111 |
| | 東濃子ども相談センター | 507-8708 | 多治見市上野町5-68-1 | 0572-23-1111 |
| | 飛騨子ども相談センター | 506-0032 | 高山市千島町35-2 | 0577-32-0594 |
| 22　静岡 | 中央児童相談所 | 426-0026 | 藤枝市岡出山2-2-25 | 054-646-3570 |
| | 賀茂児童相談所 | 415-0016 | 下田市中531-1 | 0558-24-2038 |
| | 東部児童相談所 | 410-8543 | 沼津市高島本町1-3 | 055-920-2085 |
| | 富士児童相談所 | 416-0906 | 富士市本市場441-1 | 0545-65-2141 |
| | 西部児童相談所 | 438-8022 | 磐田市見付3599-4 | 0538-37-2810 |
| 23　愛知 | 中央児童・障害者相談センター | 460-0001 | 名古屋市中区三の丸2-6-1 | 052-961-7250 |
| | 海部児童・障害者相談センター | 496-8535 | 津島市西柳原町1-14 | 0567-25-8118 |
| | 知多児童・障害者相談センター | 475-0902 | 半田市宮路町1-1 | 0569-22-3939 |
| | 西三河児童・障害者相談センター | 444-0860 | 岡崎市明大寺本町1-4 | 0564-27-2779 |
| | 豊田加茂児童・障害者相談センター | 471-0024 | 豊田市元城町3-17 | 0565-33-2211 |
| | 新城設楽児童・障害者相談センター | 441-1326 | 新城市字中野6-1 | 0536-23-7366 |
| | 東三河児童・障害者相談センター | 440-0806 | 豊橋市八町通5-4 | 0532-54-6465 |

| | | | | |
|---|---|---|---|---|
| | 一宮児童相談センター | 491-0917 | 一宮市昭和1-11-11 | 0586-45-1558 |
| | 春日井児童相談センター | 480-0304 | 春日井市神屋町713-8 | 0568-88-7501 |
| | 刈谷児童相談センター | 448-0851 | 刈谷市神田町1-3-4 | 0566-22-7111 |
| 24　三重 | 北勢児童相談所 | 510-0894 | 四日市市大字泊村977-1 | 059-347-2030 |
| | 鈴鹿児童相談所 | 513-0809 | 鈴鹿市西条5-117 | 059-382-9794 |
| | 中勢児童相談所 | 514-0113 | 津市一身田大古曽694-1 | 059-231-5666 |
| | 南勢志摩児童相談所 | 516-8566 | 伊勢市勢田町628-2 | 0596-27-5143 |
| | 伊賀児童相談所 | 518-8533 | 伊賀市四十九町2802 | 0595-24-8060 |
| | 紀州児童相談所 | 519-3695 | 尾鷲市坂場西町1-1 | 0597-23-3435 |
| 25　滋賀 | 中央子ども家庭相談センター | 525-0072 | 草津市笠山7-4-45 | 077-562-1121 |
| | 彦根子ども家庭相談センター | 522-0043 | 彦根市小泉町932-1 | 0749-24-3741 |
| | 大津・高島子ども家庭相談センター | 520-0801 | 大津市におの浜4-4-5 | 077-548-7768 |
| 26　京都 | 家庭支援総合センター | 605-0862 | 京都市東山区清水4-185-1 | 075-531-9600 |
| | 宇治児童相談所 | 611-0033 | 宇治市大久保町井ノ尻13-1 | 0774-44-3340 |
| | 京田辺支所 | 610-0332 | 京田辺市興戸小モ詰18-1 | 0774-68-5520 |
| | 福知山児童相談所 | 620-0881 | 福知山市字堀小字内田1939-1 | 0773-22-3623 |
| 27　大阪 | 中央子ども家庭センター | 572-0838 | 寝屋川市八坂町28-5 | 072-828-0161 |
| | 池田子ども家庭センター | 563-0041 | 池田市満寿美町9-17 | 072-751-2858 |
| | 吹田子ども家庭センター | 564-0072 | 吹田市出口町19-3 | 06-6389-3526 |
| | 東大阪子ども家庭センター | 577-0809 | 東大阪市永和1-7-4 | 06-6721-1966 |
| | 富田林子ども家庭センター | 584-0031 | 富田林市寿町2-6-1　大阪府南河内府民センタービル内 | 0721-25-1131 |
| | 岸和田子ども家庭センター | 596-0043 | 岸和田市宮前町7-30 | 072-445-3977 |
| 28　兵庫 | 中央こども家庭センター | 673-0021 | 明石市北王子町13-5 | 078-923-9966 |
| | 洲本分室 | 656-0021 | 洲本市塩屋2-4-5 | 0799-26-2075 |
| | 西宮こども家庭センター | 662-0862 | 西宮市青木町3-23 | 0798-71-4670 |
| | 尼崎駐在<br>（※電話は西宮こども家庭センターに転送されます） | 661-0024 | 尼崎市三反田町1-1-1 | 06-6423-0801 |
| | 川西こども家庭センター | 666-0017 | 川西市火打1-22-8 | 072-756-6633 |
| | 丹波分室 | 669-3309 | 丹波市柏原町柏原688 | 0795-73-3866 |
| | 姫路こども家庭センター | 670-0092 | 姫路市新在家本町1-1-58 | 079-297-1261 |
| | 豊岡こども家庭センター | 668-0063 | 豊岡市正法寺446 | 0796-22-4314 |
| 29　奈良 | 中央こども家庭相談センター | 630-8306 | 奈良市紀寺町833 | 0742-26-3788 |
| | 高田こども家庭相談センター | 635-0095 | 大和高田市大中17-6 | 0745-22-6079 |
| 30　和歌山 | 子ども・女性・障害者相談センター | 641-0014 | 和歌山市毛見1437-218 | 073-445-5312 |
| | 紀南児童相談所 | 646-0011 | 田辺市新庄町3353-9 | 0739-22-1588 |
| | 新宮分室 | 647-8551 | 新宮市緑ヶ丘2-4-8 | 0735-21-9634 |
| 31　鳥取 | 中央児童相談所 | 680-0901 | 鳥取市江津318-1 | 0857-23-6080 |
| | 米子児童相談所 | 683-0052 | 米子市博労町4-50 | 0859-33-1471 |

| | | | | |
|---|---|---|---|---|
| | 倉吉児童相談所 | 682-0021 | 倉吉市宮川町2-36 | 0858-23-1141 |
| 32　島根 | 中央児童相談所 | 690-0823 | 松江市西川津町3090-1 | 0852-21-3168 |
| | 隠岐相談室 | 685-8601 | 隠岐郡隠岐の島町港町塩口24 | 08512-2-9706 |
| | 出雲児童相談所 | 693-0051 | 出雲市小山町70 | 0853-21-0007 |
| | 浜田児童相談所 | 697-0005 | 浜田市上府町イ2591 | 0855-28-3560 |
| | 益田児童相談所 | 698-0041 | 益田市高津4-7-47 | 0856-22-0083 |
| 33　岡山 | 中央児童相談所 | 700-0807 | 岡山市北区南方2-13-1 | 086-235-4152 |
| | 倉敷児童相談所 | 710-0052 | 倉敷市美和1-14-31 | 086-421-0991 |
| | 井笠相談室 | 714-8502 | 笠岡市六番町2-5 | 0865-69-1680 |
| | 高梁分室 | 716-8585 | 高梁市落合町近似286-1 | 0866-21-2833 |
| | 高梁分室新見相談室 | 718-8550 | 新見市高尾2400 | 0866-21-2833 |
| | 津山児童相談所 | 708-0004 | 津山市山北288-1 | 0868-23-5131 |
| 34　広島 | 西部こども家庭センター | 734-0003 | 広島市南区宇品東4-1-26 | 082-254-0381 |
| | 東部こども家庭センター | 720-0838 | 福山市瀬戸町山北291-1 | 084-951-2340 |
| | 北部こども家庭センター | 728-0013 | 三次市十日市東4-6-1 | 0824-63-5181 |
| 35　山口 | 中央児童相談所 | 753-0814 | 山口市吉敷下東4-17-1 | 083-902-2189 |
| | 岩国児童相談所 | 740-0016 | 岩国市三笠町1-1-1 | 0827-29-1513 |
| | 周南児童相談所 | 745-0836 | 周南市慶万町2-13 | 0834-21-0554 |
| | 宇部児童相談所 | 755-0033 | 宇部市琴芝町1-1-50 | 0836-39-7514 |
| | 下関児童相談所 | 751-0823 | 下関市貴船町3-2-2 | 083-223-3191 |
| | 萩児童相談所 | 758-0041 | 萩市江向531-1 | 0838-22-1150 |
| 36　徳島 | 中央こども女性相談センター | 770-0942 | 徳島市昭和町5-5-1 | 088-622-2205 |
| | 南部こども女性相談センター | 774-0011 | 阿南市領家町野神319 | 0884-22-7130 |
| | 西部こども女性相談センター | 777-0005 | 美馬市穴吹町穴吹字明連23 | 0883-53-3110 |
| 37　香川 | 子ども女性相談センター | 760-0004 | 高松市西宝町2丁目6-32 | 087-862-8861 |
| | 西部子ども相談センター | 763-0082 | 丸亀市土器町東8丁目526 | 0877-24-3173 |
| 38　愛媛 | 福祉総合支援センター | 790-0811 | 松山市本町7-2 | 089-922-5040 |
| | 東予子ども・女性支援センター | 792-0825 | 新居浜市星原町14-38 | 0897-43-3000 |
| | 南予子ども・女性支援センター | 798-0060 | 宇和島市丸之内3-1-19 | 0895-22-1245 |
| 39　高知 | 中央児童相談所 | 781-5102 | 高知市大津甲770-1 | 088-866-6791 |
| | 幡多児童相談所 | 787-0050 | 四万十市渡川1-6-21 | 0880-37-3159 |
| 40　福岡 | 福岡児童相談所 | 816-0804 | 春日市原町3-1-7 | 092-586-0023 |
| | 久留米児童相談所 | 830-0047 | 久留米市津福本町281 | 0942-32-4458 |
| | 田川児童相談所 | 826-0041 | 田川市大字弓削田188 | 0947-42-0499 |
| | 大牟田児童相談所 | 836-0027 | 大牟田市西浜田町4-1 | 0944-54-2344 |
| | 宗像児童相談所 | 811-3436 | 宗像市東郷5-5-3 | 0940-37-3255 |
| | 京築児童相談所 | 828-0021 | 豊前市大字八屋2007-1 | 0979-84-0407 |
| 41　佐賀 | 中央児童相談所 | 840-0851 | 佐賀市天祐1-8-5 | 0952-26-1212 |
| | 北部児童相談所 | 847-0012 | 唐津市大名小路3-1 | 0955-73-1141 |

| | | | | |
|---|---|---|---|---|
| 42　長崎 | 長崎こども・女性・障害者支援センター | 852-8114 | 長崎市橋口町10-22 | 095-844-6166 |
| | 佐世保こども・女性・障害者支援センター | 857-0034 | 佐世保市万徳町10-3 | 0956-24-5080 |
| 43　熊本 | 中央児童相談所 | 861-8039 | 熊本市東区長嶺南2-3-3 | 096-381-4451 |
| | 八代児童相談所 | 866-8555 | 八代市西片町1660 | 0965-33-3247 |
| 44　大分 | 中央児童相談所 | 870-0889 | 大分市荏隈5丁目 | 097-544-2016 |
| | 中津児童相談所 | 871-0024 | 中津市中央町1-10-22 | 0979-22-2025 |
| 45　宮崎 | 中央児童相談所 | 880-0032 | 宮崎市霧島1-1-2 | 0985-26-1551 |
| | 都城児童相談所 | 885-0017 | 都城市年見町14-1-1 | 0986-22-4294 |
| | 延岡児童相談所 | 882-0803 | 延岡市大貫町1-2845 | 0982-35-1700 |
| 46　鹿児島 | 中央児童相談所 | 891-0175 | 鹿児島市桜ヶ丘6-12 | 099-264-3003 |
| | 大島児童相談所 | 894-0012 | 奄美市名瀬小俣町20-2 | 0997-53-6070 |
| | 大隅児童相談所 | 893-0011 | 鹿屋市打馬2-16-6 | 0994-43-7011 |
| 47　沖縄 | 中央児童相談所 | 903-0804 | 那覇市首里石嶺町4-404-2 | 098-886-2900 |
| | 八重山分室 | 907-0002 | 石垣市真栄里438-1（八重山福祉保健所内） | 0980-88-7801 |
| | 宮古分室 | 906-0007 | 宮古島市平良東仲宗根476 | 0980-75-6505 |
| | コザ児童相談所 | 904-2143 | 沖縄市知花6-34-6 | 098-937-0859 |
| 48　札幌市 | 札幌市児童相談所 | 060-0007 | 札幌市中央区北７条西26 | 011-622-8630 |
| 49　仙台市 | 仙台市児童相談所 | 981-0908 | 仙台市青葉区東照宮1-18-1 | 022-219-5111 |
| 50　さいたま市 | 北部児童相談所 | 330-0071 | さいたま市浦和区上木崎4-4-10 | 048-711-2416 |
| | 南部児童相談所 | 330-0071 | さいたま市浦和区上木崎4-4-10 | 048-711-2416 |
| 51　千葉市 | 千葉市児童相談所 | 261-0003 | 千葉市美浜区高浜3-2-3 | 043-277-8880 |
| 52　世田谷区 | 世田谷区児童相談所 | 156-0043 | 世田谷区松原6-41-7 | 03-6379-0697 |
| 53　荒川区 | 荒川区子ども家庭総合センター | 116-0002 | 荒川区荒川1-50-17 | 03-3802-3765 |
| 54　江戸川区 | 江戸川区児童相談所 | 132-0021 | 江戸川区中央3-4-18 | 03-5678-1810 |
| 55　横浜市 | 中央児童相談所 | 232-0024 | 横浜市南区浦舟町3-44-2 | 045-260-6510 |
| | 西部児童相談所 | 240-0001 | 横浜市保土ケ谷区川辺町5-10 | 045-331-5471 |
| | 南部児童相談所 | 235-0045 | 横浜市磯子区洋光台3-18-29 | 045-831-4735 |
| | 北部児童相談所 | 224-0032 | 横浜市都筑区茅ケ崎中央32-1 | 045-948-2441 |
| 56　川崎市 | こども家庭センター | 212-0058 | 川崎市幸区鹿島田1-21-9 | 044-542-1234 |
| | 中部児童相談所 | 213-0013 | 川崎市高津区末長1-3-9 | 044-877-8111 |
| | 北部児童相談所 | 214-0038 | 川崎市多摩区生田7-16-2 | 044-931-4300 |
| 57　相模原市 | 相模原市児童相談所 | 252-0206 | 相模原市中央区淵野辺2-7-2 | 042-730-3500 |
| 58　横須賀市 | 横須賀市児童相談所 | 238-8525 | 横須賀市小川町16 | 046-820-2323 |
| 59　新潟市 | 新潟市児童相談所 | 951-8133 | 新潟市中央区川岸町1-57-1 | 025-230-7777 |
| 60　金沢市 | 金沢市児童相談所 | 921-8171 | 金沢市富樫3-10-1 | 076-243-4158 |
| 61　静岡市 | 静岡市児童相談所 | 420-0947 | 静岡市葵区堤町914-417 | 054-275-2871 |
| 62　浜松市 | 浜松市児童相談所 | 430-0929 | 浜松市中区中央1-12-1 | 053-457-2703 |

| | | | | |
|---|---|---|---|---|
| 63　名古屋市 | 名古屋市中央児童相談所 | 466-0858 | 名古屋市昭和区折戸町4-16 | 052-757-6111 |
| | 名古屋市西部児童相談所 | 454-0875 | 名古屋市中川区小城町1-1-20 | 052-365-3231 |
| | 名古屋市東部児童相談所 | 458-0801 | 名古屋市緑区鳴海町字小森48-5 | 052-899-4630 |
| 64　京都市 | 京都市児童相談所 | 602-8155 | 京都市上京区竹屋町通千本東入主税町910-25 | 075-801-2929 |
| | 京都市第二児童相談所 | 612-8434 | 京都市伏見区深草加賀屋敷町24-26 | 075-612-2727 |
| 65　大阪市 | 大阪市こども相談センター | 540-0003 | 大阪市中央区森ノ宮中央1-17-5 | 06-4301-3100 |
| | 大阪市南部こども相談センター | 547-0026 | 大阪市平野区喜連西6-2-55 | 06-6718-5050 |
| 66　堺市 | 堺市子ども相談所 | 590-0808 | 堺市堺区旭ヶ丘中町4-3-1（堺市立健康福祉プラザ３階） | 072-245-9197 |
| 67　神戸市 | こども家庭センター | 650-0044 | 神戸市中央区東川崎町1-3-1 | 078-382-2525 |
| 68　明石市 | 明石こどもセンター | 674-0068 | 明石市大久保町ゆりのき通1-4-7 | 078-918-5281 |
| 69　岡山市 | 岡山市こども総合相談所 | 700-8546 | 岡山市北区鹿田町1-1-1 | 086-803-2525 |
| 70　広島市 | 広島市児童相談所 | 732-0052 | 広島市東区光町2-15-55 | 082-263-0694 |
| 71　北九州市 | 子ども総合センター | 804-0067 | 北九州市戸畑区汐井町1-6 | 093-881-4556 |
| 72　福岡市 | こども総合相談センター | 810-0065 | 福岡市中央区地行浜2-1-28 | 092-832-7100 |
| 73　熊本市 | 熊本市児童相談所 | 862-0971 | 熊本市中央区大江5-1-50 | 096-366-8181 |

※１　凡例　一時保護所を設置する児童相談所
※２　凡例　一時保護所を２か所設置する児童相談所
→児童相談所数＝220か所（令和２年７月１日現在）
→一時保護所数＝144か所（令和２年７月１日現在）

出典：厚生労働省HP

## ⑵　民生委員・児童委員・主任児童委員

民生委員は、民生委員法に基づき、厚生労働大臣から委嘱された非常勤の地方公務員（無給）で、ボランティア精神で活動しています。すべての民生委員は、児童福祉法に基づく児童委員を兼務しています。その主な役割は、市区町村ごとに特定区域を担当し、生活に困っている方、障害のある方、高齢者、また子どもをめぐる様々な問題を抱える方などの相談に応じ、福祉事務所や関係機関と連携しながら、支援活動を進めることです。高齢者から赤ちゃんまで、幅広い住民が対象で、重要な役割を果たしています。なお、この制度は前身の「済生顧問制度」から数えると、2017（平成29）年に創設100周年を迎えました。

また、一部の児童委員は児童に関することを専門的に担当する「主任児童委員」に厚生労働大臣から指名されています。担当区域は持たず、それぞれの市区町村の全域で、地区担当の民生委員・児童委員と連携して活動します。1994

（平成６）年に制度が発足し、児童虐待問題の顕在化につれ、本制度への期待が高まっています。

民生委員には職務上知り得た情報について守秘義務がありますが、個人情報保護法は民生委員活動に大きな影響を与えています。民生委員に期待されている地域の人々の情報の入手が大変困難になったからです。また、職務の多様化や人口の高齢化に伴い、なり手不足が常態化しているという問題点が挙げられています。

委員数は、2017（平成29）年現在、全国に約23万人（地区担当約21万人、主任児童委員約２万人）です。

### ⑶ 児童家庭支援センター

児童家庭支援センターとは、1997（平成９）年の児童福祉法改正によって新たに制度化された児童家庭福祉に関する地域相談機関であり、2019（令和元）年９月１日現在、全国132センターが協議会に加盟しています。（法第７条）

### ⑷ 子育て世代包括支援センター（母子健康包括支援センター）

子育て世代包括支援センターは、フィンランドの子育て支援策として知られる「ネウボラ」がモデルとなっています。ネウボラの日本版導入はすでにいくつかの自治体で始まっていましたが、母子保健法改正により法定化されました。市区町村が設置する施設で、妊娠期から子育て期にわたる総合的な相談や支援を行います。通称名が子育て世代包括支援センターで、法律上の名称は、母子健康包括支援センターといいます。

これまで、妊産婦・乳幼児などへの主な支援施策は、母子保健事業のほか、子ども子育て支援法に基づく利用者支援事業、児童福祉法に基づく子育て支援事業などに分かれていて、多くの関連機関が縦割りで事業を展開していました。これを利用者ができるだけワンストップで利用できるようにしたものです。法施行時の2017（平成29）年４月１日現在、実施しているのは525の市町村です。2020（令和２）年度末までに全国展開を目指しています。

関係している事業名を挙げてみます。妊娠期・出産期には、産前産後サポート事業、妊婦健診・産婦健診、両親学級、乳児家庭全戸訪問事業、養育支援訪問事業、産後ケア事業があります。子育て支援策に関わるのは、保育所、地域子育て支援拠点事業、里親・養子縁組、乳児院などがあげられます。

## (5) 福祉事務所

福祉事務所は、福祉六法（生活保護法、児童福祉法、母子及び寡婦福祉法、老人福祉法、身体障害者福祉法及び知的障害者福祉法）を所管する福祉に関する総合窓口です。社会福祉法に定められ、都道府県、市区には設置義務があり、町村は任意で設置できます。地域には、その地域を管轄する事務所が必ずあります。

ただし、町村に移譲された事務（老人及び身体障害者福祉分野と知的障害者福祉分野の施設入所措置等）があるので、2003年以降は、都道府県の福祉事務所は市区の所管よりも狭くなっています。

| 設置主体 | 都道府県 | 区市 | 町村 | 計 |
|---|---|---|---|---|
| 箇所数 | 206 | 999 | 45 | 1250 |

**福祉事務所の設置状況**　2020（令和２）年４月１日現在

## (6) 保健所・保健センター

保健所は、地域保健法に基づき、都道府県、政令市、特別区、中核市のほか、指定された６市が設置しています。具体的には、精神保健・難病対策、食品衛生、環境衛生、感染症対策のほか、母子保健と老人保健の各業務の一部を所管しています。

一方、市区町村には地域保健活動の拠点として、保健センターがあり、母子保健と老人保健業務を所管しています。

市区町村保健センターは対人サービスが中心で、具体的業務は住民のニーズに応じて工夫できます。しかし保健所は、公衆衛生を担う行政機関であるとい

資料編

う性格上、その業務は法定されています。

市区町村保健センターの母子保健業務は児童虐待の予防に貢献できると期待されています。

近年では行政改革の一環として、組織の統廃合がなされ、「保健福祉事務所」、「福祉保健所」、「健康福祉センター」などの名称も見受けられます。また、保健所を一つのみ設置している場合、本庁の保健、衛生を所管する部局が保健所となっている場合も多いです。

### (7) 配偶者暴力（DV）相談支援センター

「DV相談支援センター」は、DV防止法に基づく専門機関として都道府県や市町村が設置しています。都道府県に設置されている婦人相談所は、この「DV相談支援センター」の機能を持ち、婦人相談員をはじめ、医師、看護師、心理職が配置されているほか、一時保護機能も持っています。

配偶者からの暴力（DV）が行われている状況は子どもへの心理的虐待に該当します。つまりDVと児童虐待は重複して発生するのですが、従前は法律上、女性と子どもは別個に支援する仕組みになっていました。2019（令和元）年の関係法改正により、児童相談所とDV相談支援センターの連携強化が法律上位置付けられました。例えば、被害女性を一時保護する場合、子どもと母親を分離するのではなく一緒に保護することが望ましいけれども、子どもが年長の男児であるとか、母親による養育が困難な状況があるなどの場合は、DV相談支援センターと児童相談所とは密接な連携を図り支援することになりました。

# すぐ役に立つ！　児童相談所のしごとQ&A

令和２年11月10日　第１刷発行

編　著　児童虐待問題研究会

発　行　株式会社ぎょうせい

〒136-8575　東京都江東区新木場1-18-11
URL：https://gyosei.jp

フリーコール　0120-953-431
ぎょうせい　お問い合わせ　検索　https://gyosei.jp/inquiry/

〈検印省略〉

印刷　ぎょうせいデジタル株式会社

※乱丁・落丁本はお取り替えいたします。

ISBN978-4-324-10895-6
(5108650-00-000)
〔略号：児相のしごと〕